新经济新业态下
职业工会建构法律问题研究

赵 乾◎著

图书在版编目（CIP）数据

新经济新业态下职业工会建构法律问题研究 / 赵乾著. 一成都：四川大学出版社，2022.6
ISBN 978-7-5690-5521-4

Ⅰ．①新… Ⅱ．①赵… Ⅲ．①工会法－研究－中国 Ⅳ．① D922.564

中国版本图书馆 CIP 数据核字（2022）第 108578 号

书　　名：新经济新业态下职业工会建构法律问题研究
　　　　　Xin Jingji Xin Yetai xia Zhiye Gonghui Jiangou Falü Wenti Yanjiu
著　　者：赵　乾

选题策划：蒋姗姗
责任编辑：蒋姗姗
责任校对：王小碧
装帧设计：墨创文化
责任印制：王　炜

出版发行：四川大学出版社有限责任公司
　　　　　地址：成都市一环路南一段 24 号（610065）
　　　　　电话：（028）85408311（发行部）、85400276（总编室）
　　　　　电子邮箱：scupress@vip.163.com
　　　　　网址：https://press.scu.edu.cn
印前制作：四川胜翔数码印务设计有限公司
印刷装订：成都金阳印务有限责任公司

成品尺寸：170mm×240mm
印　　张：9.5
字　　数：181 千字

版　　次：2022 年 8 月 第 1 版
印　　次：2022 年 8 月 第 1 次印刷
定　　价：58.00 元

本社图书如有印装质量问题，请联系发行部调换

版权所有 ◆ 侵权必究

四川大学出版社
微信公众号

前　言

20世纪70年代以来，受经济全球化的推动与国际市场竞争日益激烈的影响，我国加快了经济结构与产业结构的调整步伐，钢铁、煤炭、纺织等传统制造业产业占比逐渐下滑，第三产业则发展态势良好，其中服务业占比更是不断提升。商品、服务、劳动力等生产要素在全球化带动下的自由流动，对我国劳动力就业提出了新的要求。特别是随着近年来供给侧结构性改革的深入推进、共享经济等新经济形态的异军突起和人工智能的快速发展，大量新就业形态（所谓新就业形态，指的是从就业者的角度出发对劳动力市场灵活性的一种描述）人员涌入劳动力市场，在大大缓解就业压力的同时，也对新型劳动关系或用工关系的处理、特殊劳动权益的维护以及特定职业领域的规范发展等方面提出了新的挑战。

在这样一种背景下，工会作为劳动关系的重要一极，劳动者权益的维护者和劳、资、政之间的桥梁纽带，理应通过更为"合身"的组织形式来发挥更专业性、针对性和实效性的作用。我国工会组织形式基本上是按照传统经济结构和产业结构来设立的，其会员要求是"在中国境内的企业、事业单位、机关和其他社会组织中，以工资收入为主要生活来源或者与用人单位建立劳动关系的体力劳动者和脑力劳动者"，故对不具有这一条件的新就业形态劳动者显然需要进一步提升工会组织力及发挥作用的合法性与正当性。对此，突破企业界限而重点服务于新就业形态劳动者的职业工会（craft union）可以大有所为。也正因为如此，在中央反复要求工会应当深入改革的今天，对职业工会能否在我国建构以及如何建构进行研究就成为必要。然而，受长期以来经济结构和发展模式的影响，对于我国工会的研究，实务界更注重企业级工会和行业（或产业）工会的作用，而疏于对职业工会的关注；相应的，理论界也将研究重点集中在企业工会和行业工会上面，对职业工会这一重要的工会类型却鲜有涉及。这种理论与实务方面的滞后，不仅不利于对工会制度乃至整个劳动法制度的深入研究，而且也不利于工会组织适应经济发展新形势及其带来的劳动关系新变化，从而不能为国家之经济发展和社会稳定承担工会本应肩负的职责和使命。

有鉴于此，本书尝试从职业工会的基本含义及主要特征入手，分析新就业形态劳动者权益保障不足的根源及职业工会在我国建构的必要性，进而结合对职业工会构建的现实可行性分析，最终为职业工会在我国的具体设立提出建议，以期对理论研究与实务探索起到抛砖引玉的作用。

本书的创新之处主要包括以下三个方面：

第一，首次对职业工会及其构建做系统研究。由于职业工会尚未正式成为现行《中华人民共和国工会法》（以下简称《工会法》）所规定的工会组织类型，故学界一直未对职业工会及其建构有深入研究，仅有的文献也多集中在职业体育领域。这一状况，与当前的经济新形势是不相契合的，并难以满足劳动关系运行新态势及用工模式变化的新需求。对此，本书立足于我国经济发展的客观现实，并从《中华人民共和国劳动法》（以下简称《劳动法》）的角度出发，通过分析职业工会特殊的价值功能，首次提出职业工会应是符合经济新形势下保障新就业形态劳动者的合法权益、实现一定职业领域规范发展的工会最佳模式选择，并对职业工会建构所必需的核心价值确定、具体法律问题的解决、内部组织架构和外部法律监督提出了系统的建议。

第二，尝试从工会集中行使话语权的角度，对解决新就业形态劳动者的权益保障问题提出具体建议。新就业形态劳动者，主要指的是与传统劳动者相比，在报酬或收入、工作时间或地点，以及劳动关系或用工关系等方面更为灵活多样的就业者，也可被归为非传统劳动关系中的他雇者及自雇者两类。各类新经济形态的快速发展，为大量新就业形态劳动者进入劳动力市场提供了机会与发展空间。然而，新就业形态劳动者规模的急速扩大也带来了一系列权益保障问题，如新就业形态劳动者的就业稳定性不足，"议价"权缺失，职业健康或职业安全得不到保障，职业教育培训机会缺乏，等等。如不能正确认识并妥善处理这些问题，则有可能影响一定职业领域乃至经济社会发展的整体稳定。通过研究发现，这些问题的根源在于新就业形态劳动者的话语权缺失。新就业形态劳动者难以凭借一己之力且必须借助集体力量来保障自身权益，这就需要有合适的社会组织为其代言。而政府作为公权力组织，其重点在于宏观政策的制定与调配；企业或其他用工主体的资方属性，又决定其难以尽心为新就业形态劳动者谋取利益……由此来看，各类关系处理较好、服务及维权经验更为成熟的工会组织显然更能担此重任。通过研究进一步发现，相较于现有工会，职业工会的组织及服务更具有针对性、专业性、灵活性及机构设置更简捷的特点，故更为契合新就业形态劳动者权益保障的需要；但职业工会又并非现行《工会法》上的法定组织类型，故有必要对其在我国建构的必要性、可行性及具体建构路径展开深入研究。

第三，在工会会员资格的判定、职业工会在新形势下对社会治理的参与以及对新就业形态劳动者集体劳动权的维护与引导等问题上，本书提出了解决问题的思路。当前，从全国总工会到各地方总工会均在推动货车司机等八类新型职业群体加入工会。客观地说，这对增强这部分从业人员的工作责任感、提升他们福利待遇水平都极有助益。然而，这项惠民措施的背后，却埋藏着一些不容回避的法律隐患，其中亟须解决的就是新就业形态劳动者的工会会员资格问题。按照现行《劳动法》的规定，新就业形态劳动者中的大部分因不存在劳动关系而不具有劳动者的法定身份，故无依照现行法取得加入工会的资格。这一问题若长期得不到处理，则在相关争议产生时对劳、资、政三方产生不利后果，并且也不利于新经济形态的发展和劳动（用工）关系的和谐稳定。针对这些问题，本书提出可将职业工会的建构作为完善《劳动法》特别是《工会法》的试点，首先通过个体劳动法和集体劳动法将劳动者加以区分，明确不符合个体劳动法构成要件的劳动者，可依据一定的用工契约关系成为集体劳动法上的劳动者，进而拥有成为工会会员的权利。此外，本书还主张职业工会可依托现有的劳动关系三方机制等平台，通过劳动力市场信息的提供、企业新型学制等职业教育的助力、网约工集体争议行为的疏导、劳动立法与司法的咨询与代理等方式，参与到社会治理特别是劳动关系治理的体系中去，以真正发挥工会组织在政策设计和具体实施中的桥梁纽带作用。

目 录

绪 论 ………………………………………………………………（ 1 ）

第一章 职业工会的基本含义及其功能……………………………（ 10 ）
  第一节 职业工会的概念界定………………………………（ 10 ）
  第二节 职业工会的属性特征………………………………（ 12 ）
  第三节 职业工会的功能定位与实现………………………（ 18 ）

第二章 新经济新业态下职业工会建构的现实诉求………………（ 27 ）
  第一节 新就业形态劳动者的界定及其权益保障现状……（ 27 ）
  第二节 话语权提升：保障权益的必经之路………………（ 36 ）
  第三节 新就业形态劳动者话语权实现的制度诉求………（ 42 ）

第三章 职业工会建构的法理与实践基础…………………………（ 49 ）
  第一节 职业工会建构的权利溯源…………………………（ 49 ）
  第二节 职业工会构建的现行法基础………………………（ 56 ）
  第三节 职业工会建构的实践考察及其启示………………（ 62 ）

第四章 我国职业工会建构的基本设想……………………………（ 73 ）
  第一节 职业工会的角色定位………………………………（ 73 ）
  第二节 职业工会的内部机构设置…………………………（ 84 ）
  第三节 职业工会的法律环境的塑造………………………（ 92 ）

第五章　特定职业领域职业工会建构的探索 …………………… （100）
　　第一节　我国建立职业球员工会的简要论证 …………………… （100）
　　第二节　职业工会对网约车司机集体争议事件的化解 ………… （112）
　　第三节　数字经济下职业工会参与工匠培育的法治路径 ……… （125）

参考文献 ………………………………………………………………… （137）

绪　论

一、研究背景与研究意义

（一）研究背景

腾讯微信、中国信息通信研究院、数字中国研究中心共同发布的《微信就业影响力报告》显示，我国自2014年以来，微信带动就业机会规模翻了一番，平均每年新增就业机会超200万个；2018年总就业机会达2235万个，其中直接就业机会达527万个，同比增长10%。[①] 如此显赫的就业成绩单背后，是一支规模庞大、结构复杂的劳动力大军。这支队伍的成员不仅包括与企业形成劳动关系的传统劳动者，同时也包括大量的国企下岗工人、农民工、共享经济从业者以及被机器所"取代"的再就业者，特别是数目日益庞大的外卖骑手、网约车司机、网络主播、游戏代练等新就业形态劳动者，这就给工会的组织设置以及如何发挥维护、建设、参与、教育等基本职能带来新的挑战。

窥斑见豹，不仅微信就业如此，事实上，随着大量不具有传统劳动法上劳动者身份的新就业形态劳动者涌入市场，给各自所在职业领域的规范发展以及社会的整体稳定都带来了巨大影响。经济新形势不但对"工会"这一市场经济重要参与者的专业化要求越来越高，相应的法制保障需求也愈加迫切，而且伴随着职业分工的日益精细，也赋予了"职业工会"这一工会最初组织类型以新的生机。长期以来，尽管我国工会对于经济社会发展贡献巨大，但国家经济体制的改革和法治环境的改善，使得建基于计划经济体制的现有工会组织亟须进行一定程度的改革以适应新经济新业态发展的需要，相关的法律与政策亦需不断地完善以适应市场主体日益多样化的现实。

党的十八大提出了全面深化改革和全面依法治国的战略部署，并在十八届

[①] 《〈微信就业影响力报告〉：2018年带动2235万个就业机会》，腾讯网，http://tech.qq.com/a/20190304/009516.htm，2021-03-04。

四中全会通过的"有关依法治国重大问题"提案中首次提出"加强社会组织立法，规范和引导各类社会组织健康发展"①。2015年7月6日至7日召开的中央党的群团工作会议，更使工会改革大业上升到了一定的历史与时代高度。在这一重大历史背景下，我国工会组织改革在全国范围内迅速开展，工会组织该发挥何种功能以及如何发挥功能等问题，业已成为工会实务届以及劳动法学界所关注的焦点。然而，纵观国内学界相关研究，大都集中在工会具体的制度功能方面，或者仅仅是从中央关于工会亟须"强三性、去四化"的角度出发呼吁工会应当通过改革而更接地气，而鲜有关注工会的组织类型是否需要改革的问题，更遑论对职业工会这一组织形式进行研究。

工会是工人阶级的联合组织，是工人利益的代表者和维护者。在劳动关系中，工会作为工人的代表与雇主方就劳动报酬、劳动条件等事关工人切身利益的事项进行协商或谈判并签订集体合同，是作为具体劳动合同关系一方当事人存在的。② 为了更好地履行这一职责，工会通常会根据所处地区的经济社会发展程度、雇主方经营管理的实际情况以及劳动者所在工作岗位及生存发展需求的特点，来构建不同的组织形式，以不断适应内外部环境和条件的演变。在这些组织形式中，"职业工会"因其相对于其他工会组织具有更强的职业性、专业性、服务针对性的优势，应当成为当前经济新形势下我国劳动法学界和工会实务界重点关注的对象。正是基于这一考虑，本书从对职业工会的概念界定入手，详细论述职业工会在我国构建的必要性和可行性，进而对其具体的构建提出细致的建议，争取能以此浅显的探索，唤起理论与实务界对职业工会于我国经济社会发展之特殊价值的肯定与进一步研究。

（二）研究意义

1. 理论方面的意义。尽管中央已明确要求工会组织进行更加契合经济社会发展新形势的改革，工会实务届亦针对新型从业人员制定并实施了一系列新的服务措施，但由于当前并无配套立法，学界亦鲜有对工会类型的系统研究，故工会改革缺乏足够的法理指引，从而使得相关实践没有明确的努力方向。具体到职业工会，国内学界虽然有少量研究，但大都集中在职业运动员特别是职业球员领域，基本上没有从更宏观的角度出发对这一历久弥新的工会组织类型

---

① 《中国共产党第十八届中央委员会第四次全体会议公报》，人民网，http://cpc.people.com.cn/n/2014/1023/c64094-25896724.html，2014-10-23。

② 林嘉：《劳动法的原理、体系与问题》，法律出版社，2016年版，第261页。

进行深入研究，更未系统地提出在我国建构该工会的具体设想。鉴于此，本书一是坚持以问题为导向，并将分析现实问题实现理论架构作为逻辑基础；二是从职业工会的概念入手，在对其核心价值、职能重点、组织架构和外部监督等具体问题分析的过程中，反思现阶段我国工会模式变革存在的问题，并通过对职业工会类型与现行行业工会类型进行对比式分析，勾勒职业工会在我国建立的具体蓝图，从而为拓宽集体劳动法的研究思路和丰富研究内容做出力所能及的贡献。总之，本书希望能以此次研究为开端，确立职业工会作为新就业形态劳动者权益代言人与维护者的角色，积极探讨符合经济新形势新特点的工会机构设置和职能重心，为工会在新时期的改革提出建议。

2. 实践方面的意义。笔者曾在工会实务部门服务多年，深知"合身"的工会组织架构和工作模式对实现我国工会服务经济发展、维护劳动者权益、实现国家利益方面的重要作用。特别是在经济新形势下，更有必要明确各工会类型的优缺点，对职业工会这一新型工会组织进行类型化研究与分析，从而建立起符合社会分工日益精细化、专业化、多样化和灵活性要求的工会类型。然而，由于我国《工会法》尚未正式确立职业工会制度，实务届将职业工会与行业工会相混同的做法又不能从根本上为灵活从业人员提供理想的制度保障，这就导致我国理论与实务界较少对工会组织形式尤其是职业工会类型进行研究，仅有的研究亦未能产生实际的价值。鉴于此，本书将厘清职业工会模式的基本特征、法律属性和价值功能，在此基础上对我国现时工会组织模式进行对比性反思，力求为职业工会在我国的最终建构以及解决一些现行工会难以解决的实际问题提供思路。

二、研究述评

职业工会在成熟市场经济国家和地区走过了曲折的路程，而伴随着工业革命中产业工会、行业工会的崛起和数字经济等新经济形态下用工形态的多样化，西方学界对职业工会的关注多了起来，并逐渐集中在两个方面：一是职业工会与产业工会的异同；二是确立职业工会会员资格所必需的劳动者身份认定。相较之下，我国学界相关研究却较为薄弱。截至 2019 年 2 月 15 日，在中国知网等数据库上以"职业工会"为关键词进行搜索，结果显示只有 4 篇有直接关联的文章，以"司机工会"为关键词搜索只有 3 篇文章；但若以"球员工会"为关键词进行搜索则有 128 篇文章，且其中绝大部分是专门介绍美国职业篮球球员工会（NBPA）或与之有关的内容。可见，由于《工会法》并未将职业工会确立为我国法定的工会组织类型，故我国学界对此的相关研究更为稀缺。因此，本书在对我国学界关于职业工会的文献进行研究评述时，也将不得不尊重这一客观现实。

其一，在劳资关系上。关于职业体育领域内劳资关系的性质有两种观点：一是特殊的共生性竞争关系，表现为单项体育协会、俱乐部联盟、球员工会三方共同构成一个三边关系，这一关系架构十分稳定，三方在其中的权利义务界定得非常清晰，这就决定了职业体育的顺利发展将会有赖于三方共同发力、相互作用。二是经济利益关系，这是因为从美国等西方发达国家职业体育的发展历程来看，利益分配问题始终是该职业领域内劳资矛盾的主要集中点，但经过劳资双方多年的斗争和妥协，已经形成了成熟的合作与制约机制，其"自身的调节机制、相关法律制度和劳资争议处理制度的劳资关系模式"业已成熟[①]（张燕冰、张慧峰，2007）。

应当说，这两种观点互相并不冲突，而只是从不同角度对职业体育领域内的劳资关系进行定位。事实上，在我国劳资根本利益一致的特殊语境中，无论是竞争性共生关系还是利益分配关系，二者均指向和谐共赢这一大的劳资关系建构方向，因此也都可用于对我国新经济形势下劳资关系性质的认识。具体到职业体育领域，和谐的劳资关系需要进一步完善对职业运动员的管理、考核、奖惩、疏导等制度，特别是要构建起运动员的劳动报酬争议协调机制[②]（梁汉平，2011）。这就需要建立以维护运动员合法权益为宗旨的、善于集体协商及协调劳资矛盾的职业运动员工会组织（刘同众、刘连发[③]；姜熙、谭小勇[④]）。然而，我国职业体育领域内的劳资关系还存在着诸多问题，其中最核心的就是劳动报酬"两个极端化"和转会权受到削弱的问题。前者指的是"绝大部分球员处于弱势地位和少数明星球员'虚高'的薪酬和地位"[⑤]，以及拖欠劳动报酬的情形，这两种情况都为我国职业体育的健康有序发展带来了一定的影响，其中，前一种情况较为严重（贾珍荣、王斌，2010）；后者指的是不合理的转

---

① 张燕冰、张慧峰：《论美国职业体育劳资关系》，《南京体育学院学报（社会科学版）》，2007年第2期，第31—34页。

② 梁汉平：《美国职业篮球联盟劳资关系均衡机制》，《贺州学院学报》，2011年第3期，第127—131页。

③ 刘同众、刘连发：《中美职业体育劳资关系管理模式的对比研究》，《体育与科学》，2012年第4期，第49—53页。

④ 姜熙、谭小勇：《我国建立职业运动员工会的法律思考》，《天津体育学院学报》，2011年第2期，第179—184页。

⑤ 贾珍荣、王斌：《我国发展球员工会的必要性和基本条件分析》，《成都体育学院学报》，2010年第3期，第42—44页。

会制度侵害到球员的合法利益的问题。对待类似问题，美国 NBA 一般会通过与 NBPA 进行集体谈判而制定出"工资帽"及"奢侈税"等制度来解决，而我国由于球员工会的缺位，导致在解决这些矛盾和问题的过程中，众多非明星球员的利益得不到应有的保障。对此，有学者指出我国职业体育劳资关系要素中，处于中间层的职业体育联盟组织和职业运动员工会组织缺失，这与"三方性原则"不相符合①（张燕冰、张慧峰，2007）。这就使得职业体育内劳资争议的解决，将主要依靠项目管理中心的行政措施，这种处理手段因难免涉及其他要素的利益而难以保证公平、恰当，故反倒容易引发更大的争议或纠纷②（刘同众、刘连发，2012）。因此，应当建立起符合我国职业体育实情的劳资关系模式，其中就包括建立运动员工会组织及建立集体协商机制③（张燕冰、张慧峰，2007）。

其二，在主要职能上。职业工会在职业体育领域内的功能大体上可以归为两类：一类是开展集体协商的功能，这是职业运动员工会最重要的功能；二类是集体协商之外的功能。两者中，大部分学者认为集体协商应当是职业运动员工会最重要的功能，且职业运动员工会在集体协商的具体过程中可以发挥的几个作用：一是集体协商内容所体现出的为运动员争取主要利益的作用，即主要涉及工资、合同时间以及福利等，包括最低薪酬、养老金的支付、新队员工资结构以及红利；④ 二是集体协商过程所体现的职业运动员工会与资方进行博弈的作用；⑤ 三是通过集体协商行使的保障与监督作用，即职业运动员工会可以通过集体协商机制来督促联盟使其与运动员之间的合同更加公平、保险福利更为优厚，并确保运动员将因其违规行为而受到相应的惩罚；四是为运动员提供了有效地表达有关工作问题的机制，以及运用反托拉斯诉讼、运动员罢工及申诉仲裁三个基本战略来强化运动员及其工会在集体议价过程中的地位（刘小

---

① 张燕冰、张慧峰：《论美国职业体育劳资关系》，《南京体育学院学报》，2007 年第 2 期，第 31—34 页。
② 刘同众、刘连发：《中美职业体育劳资关系管理模式的对比研究》，《体育与科学》，2012 年第 4 期，第 49—53 页。
③ 张燕冰、张慧峰：《浅谈中国职业体育的劳资关系》，《哈尔滨体育学院学报》，2007 年第 2 期，第 29—30+33 页。
④ 刘小平：《美国职业体育劳资关系发展研究——球员工会、集体谈判及劳资争议处理》，《武汉体育学院学报》，2012 年第 2 期，第 43—47 页。
⑤ 刘小平：《美国职业体育劳资关系发展研究——球员工会、集体谈判及劳资争议处理》，《武汉体育学院学报》，2012 年第 2 期，第 43—47 页。

平,2012①;韩勇,2012②)。

其三,在组织架构上。从文献内容来看,学者们在职业运动员工会方面的研究多集中在其职能设置上,历史沿革次之,而较少对职业运动员工会内外组织架构进行深入研究。仅有的资料也只是泛泛而谈。所谓"组织架构",主要包括两个方面:一是职业工会的内部组织架构,二是职业工会与其他社会组织共同存在的外在组织架构。关于前者,有学者提出:组织方式方面,可根据《工会法》由各职业俱乐部运动员推选一定数量的运动员代表组成全国职业运动员工会委员会,然后由委员会推选该项目优秀退役运动员作为委员会主席,统筹宏观管理;组织机构设置方面,组建职能、日常执行及劳资关系的内部机构,设立能协调与单项体育协会和国际体育组织的关系或协调与第三人或其他组织之间关系的外部机构,以及负责法律、文教、财政及外联具体职能机构,并可根据需要由中华全国总工会领导下的全国职业运动员工会向省一级设派出机构;人事方面,可向社会公开招聘;财政方面,主要来源于运动员缴纳会费、赞助商支持以及对职业运动员无形资产的开发整合。至于怎样避免职业运动员工会出现因法律性质不明而不能有效推动职业化发展的情况,学者认为只要实现人事与财政的独立,职业运动员工会即可自主运作以及保障运动员的合法权益③(蔡骞,2015)。此外,NBPA 具有较强的自主性,它的主要职责就是维护球员利益,并因不从属于任何企业和政府,球员工会的领导层人员均由球员选举产生,而可不受其他因素影响处理劳资冲突④(赵忠君、陈冉佳,2018)。关于共同存在的外在组织架构,有学者认为建立三方机制才能使劳资关系发展走向正轨已是国际公认的事实,而该制度亦是职业体育得以健康运行和发展的重要制度保证。因此,组建具有中国特色的球员工会,并建立起职业体育领域内的三方机制已势在必行⑤(贾珍荣、王斌、吉家文,2012)。然而,我国职业体育文化价值的评价标准与西方国家有诸多不同,西方职业体育发展具有明显的商业化特征,这些都是未来职业体育领域内三方机制特别是职业运

---

① 刘小平:《美国职业体育劳资关系发展研究——球员工会、集体谈判及劳资争议处理》,《武汉体育学院学报》,2012 年第 2 期,第 43—47 页。

② 韩勇:《美国四大联盟选秀制度相关法律问题分析》,《体育管理与科学发展·2012 年全国体育管理科学大会论文集》,2012 年版,第 14 页。

③ 蔡骞:《试论我国职业运动员工会的筹建》,《社会体育学》,2015 年第 6 期,第 175—176 页。

④ 赵忠君、陈冉佳:《美国 NBA 球员工会对于我国构建和谐劳动关系的启示》,《体育研究与教育》,2018 年第 3 期,第 19—23 页。

⑤ 贾珍荣、王斌、吉家文:《NBA 停摆事件的反思与启示:一个三方机制的视角》,《天津体育学院学报》,2012 年第 4 期,第 25—28 页。

动员工会在我国建构过程中需要解决的体育文化和制度问题[①](周武，2009)。对此，有学者认为如一时难以解决此类问题，则可采取变通措施，如可以以产业工会的形式建立一个直属全国总工会的"职业体育产业运动员联合工会"，其下可设立各单项项目的分工会，在此基础上再建立职业体育领域内的三方机制[②]（姜熙，谭小勇，2011）。

当然，除上述关于职业运动员工会的研究外，亦有学者对其他职业领域的工会建会可行性及相关问题进行了研究。如有学者以网约车司机为例，指出因劳动关系从属性与独立性模糊而存在身份认定的难题，灵活就业者因不具备严格意义上的从属性（尤其是人格从属性）而被排除在个别劳动法的适用范围之外；但其独立性欠缺亦是客观事实，故需要借助集体力量争取更有利的利益分配方式，这就为适用集体劳动法留下余地[③]（李干，2017）。此外，在当前全国总工会大力推行货车司机等八类职业群体入会的大背景下，有学者提出，互联网数据信息时代，国内物流货运业迅猛发展，货运司机队伍不断壮大。把货运司机吸收到工会组织中来，可满足工会参与社会治理及维护社会稳定的需要。但物流货运行业在组建试点工会和吸引司机入会工作中，遇到了法律层面上的一些难题，如"司法实践大多不认定网约平台企业与司机之间为劳动关系""目前大部分物流货运司机不符合入会资格条件""现行法律规定的工会经费来源在物流货运工会很难实现""基于稳定劳动关系的现行社会保障制度很难适用于货运司机"，以及"试点初期依法为司机会员提供全方位的维权服务尚有困难"，等等。有学者建议有针对性地采用综合要素标准认定是否为劳动关系，放宽入会资格条件，创新新业态下的工会经费保障机制，积极推动优化现行的社会保障机制，加强源头参与和搭建沟通协调平台，以做好对物流货运司机会员的维权服务工作[④]（王旭丹、林辉，2018）。

通过对上述文献的研究可知，无论是体育明星等高收入劳动者群体，还是普通球员等低收入群体；无论是职业体育这一貌似光鲜的职业领域，还是网约车司机、货车司机等普通职业领域，劳动者以及暂不具备传统劳动关系的灵活

---

① 周武：《我国职业体育产业政府规制的现状分析》，《上海体育学院学报》，2009年第2期，第6—10页。

② 姜熙、谭小勇：《我国建立职业运动员工会的法律思考》，《天津体育学院学报》，2011年第2期，第179—184页。

③ 李干：《网约车司机在集体劳动法的身份定位》，《中国劳动关系学院学报》，2017年第1期，第43—47页。

④ 王旭丹、林辉：《关于物流货运司机入会若干法律问题的思考》，《北京市工会干部学校》，2018年第1期，第45—49页。

从业人员，在劳动权益维护与诉求方面所遇到的问题都是有共性的。例如，都面临着劳动报酬给付与调整机制、劳动条件和福利待遇、个体劳动权益的集体诉求、就业岗位的保障及调整、社会保障等方面的改善及制度合理化等问题。同时，他们对职业工会在其所在职业领域发挥作用的需求又都是迫切的，都需要未来我国的职业工会能够通过内外组织架构的优化来实现对自身权益进行职业性、专业性和针对性的维护。此外，从企业和政府角度来讲，也都需要工会组织在这些社会影响极大的职业领域发挥综合协调与桥梁纽带作用，以实现职业领域的规范发展和社会的和谐稳定。有鉴于此，本书将在充分吸收成熟市场经济国家和地区国家职业工会成熟经验的基础上，通过对以上学者的宝贵研究成果进行辩证的学习，并在正文部分重点研究：职业工会建构所必须坚持的核心价值，必须首先解决的前置性法律问题，如何组建精简高效的内部组织机构，以及如何正确处理职业工会与国家之间的关系，等等，以期为未来职业工会在我国的正式建构提供有价值的思路和建议。

三、研究思路与研究方法

（一）研究思路

本书在充分认识当前经济发展新形势、劳动关系新状况和灵活就业者实际需求以及现行工会法制发展状况的基础上，从新形势对职业工会的要求和职业工会自身职能优势等角度出发，探讨职业工会在我国建构过程中面临的问题。具体而言，对职业工会的概念、特征、功能、核心价值、内外组织架构以及相关法制改革等问题进行分析，建立起相对完善的职业工会基础理论，并在此理论指导下，审视我国当前工会组织类型中所存在的问题，以及发现未来职业工会构建过程中所需避免和重点解决的法律问题。

（二）研究方法

1. 历史研究方法。职业工会作为工会的最初组织形式，历经长时期曲折与反复的发展，已形成了自己的特色。因此，本书对职业工会的发展脉络进行简要梳理，希望能从中发掘出具有参考和借鉴价值的有益经验为我所用，从而保证未来我国构建职业工会的周延性、严谨性和科学性。

2. 比较研究方法。我国现代意义上的职业工会法律制度研究较为滞后，而成熟市场经济国家的职业工会立法经验和立法技术较为完备，因此对职业工会在我国确立及完善进行探索时必须注重对国外经验的借鉴。

3. 实证研究方法。本书在撰写过程中注重收集我国工会实务中的相关经验和问题，笔者也曾多次赴地方总工会及部分企业工会、行业工会开展调研活动，从而希望为明确本书研究的价值和出发点及相关观点提供较为坚实的实践支撑。

第一章　职业工会的基本含义及其功能

劳动者权利的行使，除了个人努力外，亦需要有一定的工会组织作为依托。劳动者及其权利的内涵与外延不断拓展，对工会的组织类型及其功能设置都提出新的要求。在各类工会组织中，职业工会因其独特的会员基础、组织架构、职能范围和功能优势而更为契合当前新就业形态的发展特点。当然，对某一组织类型的概念与特点有充分的了解，是认可及建构该类组织的逻辑前提。职业工会是工会最初的组织类型，而在工会实务届，多将其与行业工会等相近似的工会类型相混淆。因此，有必要对职业工会的概念与特点进行详细研究，并充分了解该工会类型在我国的功能优势，如此方能深刻理解该类型工会于当前经济发展与就业新形态下的重要价值。

第一节　职业工会的概念界定

工会组织类型多种多样，而职业工会与企业工会、行业工会、产业工会、区域工会一起，共同构成了工会基本类型体系。

一般认为，职业工会源于中世纪的欧洲公会，当时由于手工业比较发达，故职业工会在彼时多被称为"工匠工会"。我国著名学者史尚宽先生对职业工会有详细定义，在其《劳动法原论》一书第四章"工会之种类"中："职业别之工会（trade union or craft union）从事同一职业或相类似职业之工人间所组织之工会，为职业别工会。例如，印刷业之排字工、印刷工、铅版工、装订工或机器工业之操盘工、铸造工、锻冶工、制型工、磨洗工等，各以其同业横断的组成之工会，皆为职业别工会。此种职业或技能之范围，亦有宽狭之不同。例如上述印刷业得以一种工人为一职业亦得以排字工以下各种之工人联合为印刷工人，与事业内其他工人为区别，组织职业别之工会。"[1] 此外，黄越钦先

---

[1]　史尚宽：《劳动法原论》，台湾正大印书馆，1978年版，第157页。

生认为,"职业工会"(craft union)指的是"一种职业组合,即联合同一职业工人所组织者,如泥水、刻字、成衣等业工人,各依其职业分别组织的各该业工会"①。相较而言,史尚宽先生的论述十分详细,但其在一定程度上也将原本属于行业工会的特点也纳入职业工会的界定中;而黄越钦先生的论述更为简洁,并明确直言职业工会就是以同一职业(而非近似职业)为范围建立的工会。

  时至今日,由于我国法律并未对职业工会做出规定,故理论与实务界对之也鲜有研究。按照《现代劳动关系辞典》给出的定义,职业工会指的是"按照职业(工种)实行联合的工会组织形式。它一般由相同或类似职业的技术工人或熟练工人所组成,而不管工人究竟是在哪个行业、哪个企业工作"②。类似的,《中国百科大辞典》认为职业工会是"按职业原则组织的工会。凡从事同一职业的熟练工人,不论在什么企业内,都组织在同一个工会内。随着工会运动的发展,逐步也吸收非熟练工人参加"。而《劳动科学大辞典》则认为,职业工会是"一种工会组织形式。由同一职业或具有连带关系的几个职业的工人自愿组织起来的以捍卫自身利益的组织。它不受地区、行业的限制,凡从事同一职业的工人,不论在何种企业工作都可以组织在同一个职业工会中。例如,印刷工人工会就是由不同行业不同企业内的工人所组成"③。这些权威的工具书给出的定义具有明显的共性,均点出了职业工会"职业属性强""突破企业或者行业限制"等方面的特征,也表明了"职业工会"最基本的共识。这也从侧面说明,尽管我国法律并无"职业工会"的规定,但这并未妨碍人们对它的了解以及探索。只不过,职业工会毕竟不是现行法定工会类型,基于应用价值的考虑,学界对其之研究仍大都停留在表层,少数一些文献也多集中在职业运动员领域。所谓运动员工会,是由某一特定职业体育范围内(如职业篮球)的职业运动员依法自发组建而成,代表的是职业运动员的利益,主要使命是为职业运动员利益服务。有学者进一步以职业球员为例,指出"由于各国工会法不同、对工会性质的界定也不同,因而对球员工会的概念会表现出一定的差异。综合各国球员工会的概念,我们认为,球员工会是指在某一特定范围内的职业

---

  ① 黄越钦:《劳动法新论》,中国政法大学出版社,2002年版,第265—266页。
  ② 苑茜、周冰、沈士仓等:《现代劳动关系辞典》,中国劳动社会保障出版社,2000年版,第187页。
  ③ 韩勇:《美国四大联盟职业球员合同及其相关制度研究》,《体育学刊》,2013年第4期,第22—30页。

球员依法自发组建的代表职业球员利益,并为其利益服务的球员自治性社团组织"①。另有学者以职业球员为例,将该领域内的职业工会界定为"竞技体育界中的职业球员按职业分类依法自发组建维护球员利益,代表球员利益的群众性社团组织。球员工会的首要与基本职责就是维护球员的正当利益;球员工会就是要代表球员与资方进行协商与谈判,博取尽可能多的球员利益;在体育界重大事件中,发出球员的声音,体现球员的地位"②。

综观以上表述,其实可以看出我国学者关于职业工会概念的理解其实并无大的区别,在具体的组织设置上,我国学者主张未来职业工会的建立要符合我国基本国情和现行体制(如不能脱离中华全国总工会和各级地方总工会的领导而自成一系)。具体到本书,笔者认为职业工会最明显的特点即为"职业"二字,而倘若允许从事"相近似"职业的劳动者亦可成立或加入职业工会,则在概念上将与行业工会甚至产业工会相混淆,在实践中也会因"同行不同业"的差别而难以满足不同会员的不同权益诉求,在开展工会活动时也难以顾及不同职业(相近不等于相同)会员的实际情况,对用工主体也难以有针对性地提供协助。因此,应当将职业工会定义为:由分属不同用工方或者没有固定用工方但从事同一职业的新就业形态劳动者组成的工会组织。为了进一步明晰职业工会的概念范围,下面章节将选择与职业工会高度相似但又存在基础性区别的行业工会作为例证,从其与职业工会的差别入手,详细阐述职业工会的基本特征。

第二节 职业工会的属性特征

一、职业工会的一般属性

(一)职业工会是法人

从目前各国关于工会的相关立法来看,大多数国家和地区的法律赋予工会

---

① 贾珍荣、王斌:《我国球员工会发展对策分析》,《体育文化导刊》,2008年第10期,第15—16+24页。
② 马海波:《社会矛盾凸显期组建球员工会的现实性探究》,《学理论》,2011年第36期,第76—77页。

以法人资格；职业工会作为工会的一种，当然也具有法人资格，这点亦无须赘述。但问题是我国法律目前并未明确规定有"职业工会"这一工会类型。依照《工会法》第 2 条第 1 款关于"工会是职工自愿结合的工人阶级的群众组织"和第 15 条关于"中华全国总工会、地方总工会、产业工会具有社会团体法人资格。基层工会组织具备民法典规定的法人条件的，依法取得社会团体法人资格"的规定，全国总工会、地方工会、产业工会从成立之日起已经具备社会团体法人资格，而基层工会组织却要具体情况具体分析，如果符合《中华人民共和国民法典》（以下简称《民法典》）法人条件就具备法人资格，如果不具备法人条件的，就不享有法人资格。那么，职业工会作为实践中工会的一种，其于法律上究竟属于基层工会，还是属于类似于行业工会或产业工会的工会联合体组织？对这一问题，还是应当依照现行法律规定和我国工会建设的实际情况予以回答。我国《工会法》第 11 条规定"企业、事业单位、机关有会员二十五人以上的，应当建立基层工会委员会"，第 12 条规定"基层工会、地方各级总工会、全国或者地方产业工会组织的建立，必须报上一级工会批准"，据此来看，法律似乎并未规定基层单位建立工会的数量；但在工会组织建设的具体实践中，由于我国工会遵循"一元化"的组织领导原则，即每个基层的机关和企事业单位原则上只能建立一个工会，全国各级工会组织均应接受中华全国总工会的领导，而任一机关事业特别是企业单位均会设置不同职业特性的岗位工种，故并无职业工会建立并发挥作用的空间。因此，职业工会应不属于基层工会组织范畴。事实上，由于职业工会最大的特点就是突破基层单位的藩篱而由不同单位但职业相同的劳动者组成，故其更为接近行业工会或产业工会的组织基础特点，从而应当依照《工会法》第 14 条的规定被赋予社会团体法人资格。

（二）职业工会是非营利法人

所谓营利法人即以营利为目的法人，这类法人会将营利分配给成员；而非营利法人是为公益目的或者其他非营利目的成立，不向出资人、设立人或者会员分配已所取得利润的法人。法律之所以要对法人做如此区分，是因为法律对两种法人的规制不同。非营利法人相对于营利法人呈现出明显的特征：首先，非营利法人的目的并非为了获取利益并以此为基础使自己不断发展壮大，故其将实现公益或一定范围内的集体利益作为自身存在和发展的宗旨。其次，非营利法人尽管可以从事某类生产经营活动并获取收益，但不可以将此收益分配给成员。最后，非营利法人在解散或破产后，只能将财产或剩余资产交由政府、其他非营利法人或公共部门处理，而不得以任何形式分配给成员。

具体到职业工会，上述非营利法人的特征完全与职业工会相符：首先，从成立目的来看，职业工会尽管是工会组织的一种特殊类型，但其与其他工会组织一样，是将通过工会活动以谋求实现全部会员的利益作为成立目的。这也就意味着，职业工会是以实现所在职业领域内会员的共同利益而非获取利润以实现自身的发展壮大为宗旨的。其次，在收益分配方面，尽管职业工会如同其他工会组织一样，亦可为了组织更好地存续而从事一定形式的经营性业务，但所获收益不得在成员间分配。毕竟，职业工会如以营利为目的，一方面难免有借助组织优势为少数管理层人员谋取私利的可能，另一方面也不可避免地将追求部分会员利益最大化作为自身最主要甚至唯一的存在目的。如此，职业工会不但违背了其设立的初衷，也必将失去全体会员的信任而丧失社会合法性基础。因此，职业工会若想履行好代表全体会员利益的职责，就必须坚持"不分配限制"原则，将开展活动的全部目的集中在维护会员利益及组织的存续与发展上。最后，关于职业工会不再存续后剩余财产的归属问题，部分国家或地区的法律亦规定不得如企业那样在成员间分配，而应当交由上级工会组织、地方总工会、政府或其他社会组织处理。

（三）职业工会是互益性法人

营利性和公益性，是大陆法系对法人目的长期坚持的二元划分。一般认为，营利性法人的目的是追求私主体利益，而公益性法人则更多强调以实现不特定多数人的利益为目的。事实上，对公益性法人的认定并非如此简单，毕竟，现实中还有工会、校友会、同乡会等很多社团组织并不以营利或公益为目的。故营利性和公益性的二元划分对此类法人形态无法覆盖。如此，此类法人该归属到何种范围？大陆法系学者观点不一。有学者承认社会上有这样的组织存在，但是并不承认其法人资格。而史尚宽先生则认为在营利法人和公益法人之外存在着中间法人，[①] 刘得宽先生亦持此观点。[②] 此外，也有学者认为可将"公益性"做广义解释，而没必要专门设置"中间法人"这一类型。如王伯琦先生认为，"……所谓非营利者，亦未始不可解为公益。故在我国民法，即无承认中间法人存在之必要"[③]。日本学者北川善太郎先生也认为"民法上的公益性概念，不应限于社会的利益，不特定多数人的利益，也应包括像特定业界

---

① 史尚宽：《民法总论》，中国政法大学出版社，2003年版，第143—144页。
② 刘得宽：《民法总则》，台湾五南图书出版公司，1996年版，第107—108页。
③ 王伯琦：《民法总则》，"国立"编译馆，1994年版，第70—71页。

团体那样的特定多数者的利益"①。

笔者认为,英美法系国家将非营利法人进一步划分为公益性法人和互益性法人的做法对我们颇有借鉴意义。事实上,公益法人和互益性法人不仅都具备典型的非营利性特征,而且二者间的不同也很明显,故有必要对非营利法人做更深入的剖析。所谓互益性法人,顾名思义,指的是"互助、互益为核心目的的非营利性的法人组织"②。具体到职业工会,由于其宗旨是实现所辖全部会员利益的维护与提升,故其实施行为尽管在客观上有利于非会员的劳动者或其他工会组织(如开展某职业领域内的工资集体协商,其关于劳动报酬的约定客观上也会成为非会员的劳动者或者区域工会、产业工会开展类似活动的重要参考标准。甚至,此约定可能成为政府制定最低工资标准或者市场工资指导线的参考因素,从而在事实上影响着当地经济的发展),但其宗旨已经决定了其目的是促进会员在职业工会组织的活动中通过积极互动而维护自己合理合法的权益。这一点,与现有工会谋取"广大劳动者"或者社会公众的利益有明显不同。

二、职业工会的特殊之处

根据我国《工会法》第 11 条的规定,我国的工会组织形式包含了机关企事业单位工会、行业工会、区域工会、产业工会以及各级总工会。这种类型的划分,主要是以会员人数和组建范围为标准。其中,"机关企事业单位工会"指的是以某一企业、事业或机关单位为组建范围的基层工会组织,在这类工会组织中,如果会员达到二十五人是应当建立基层工会,未达到二十五人的则是视需要或客观条件"可以"建立基层工会。"行业工会"指的是以同一行业内分属于不同企业工会的劳动者组成的工会联合会形式,通常表现为同一行业内不同企业工会的联合。"区域工会"指的是在企业职工较多的乡镇、城市街道、工业园区、经济开发区内,由从事同一行业或不同行业的劳动者组成的工会联合会形式,通常表现为同一区域内不同企业工会的联合。"产业工会"指的是同一行业或者性质相近的几个行业内劳动者建立的全国的或者地方的工会联合会形式,通常表现为同一行业或者性质相近的几个行业内不同企业工会的联合。"各级总工会"指的是县级以上地方和国家级的管理辖区内所有工会组织的工会总联合,它通常与一级人民政府相联系,隶属于同级党委领导,负责一

---

① [日] 北川善太郎:《民法总则》,有斐阁,1993 年版,第 63 页。
② 陈晓军:《论互益性法人》,《比较法研究》,2008 年第 3 期,第 42—51 页。

定行政区域内所有的工会事务。

从法条来看，与职业工会最相似的应当是产业工会和行业工会。而产业工会由于是具有同一行业性质的几个行业工会组合而成，故其在本质上与行业工会并无二致，或者说产业工会只是一个规模更大的行业工会而已。因此，就相似度而言，职业工会与行业工会更为接近，而职业工会的特殊之处也可以通过与行业工会进行对比而得出。

1. 会员基础不同。这一点应当是行业工会与职业工会最直观的区别。从前述行业工会的产生历程可知，行业工会是大机器大工业时代的产物，显著特点是依照职业性质相近的原则，将一个个中小型工会组织起来而形成一个更大的工会组织。时至今日，这种工会组织的联合形式应用较为广泛，也因其实力强于单独的企业工会而为我国各级总工会所青睐。从组织基础来看，行业工会的会员与其说是同属一个行业（尽管职业有可能不同，例如飞机维修师与机场导航员）的劳动者，倒不如说是一个一个的基层工会组织。换言之，行业工会其实是一种工会的联合，而非劳动者的联合。对此，有学者甚至认为行业工会其实更像一个大型的企业工会。例如，我国北京理工大学经济学教授胡星斗先生就将行业工会定义为"性质相同或相近的若干个企业工会的联合体，和企业工会差别不大，并非真正意义上的行业工会"[①]。

与之不同的是，职业工会的会员是处于生产服务一线的劳动者，他们因不具备传统劳动关系且没有固定的用工单位，而无法加入企业工会；加之工作极为分散和灵活，故无论从法律规定还是现实情况来看，他们均不宜由以企业工会为会员、讲究层次分明的行业工会进行管理。事实上，职业工会与行业工会在会员基础上的区别已经得到了我国现行法的间接印证。如前所述，我国《工会法》将工会组织划分为机关企事业单位工会、联合工会、行业工会、区域工会、产业工会和各级总工会，并将它们大概定位成一个递进关系：企业内不同职业的劳动者组成了企业工会，同一行业属性但不同企业的工会组成了行业工会，性质相同或相近的不同行业工会又组成了产业工会，同时他们又都受制于严格按照行政管理体制设置的全国总工会和地方各级总工会。由此可见，行业工会确实是企业工会的集合，而无法将不属于任一企业的灵活就业者直接纳为会员。

2. 组织架构不同。前已述及，由于行业工会是企业工会的联合，因此其

---

① 《特殊行业工会：遥不可及的乌托邦》，新浪网，http://finance.sina.com.cn/g/20090116/16025770600.shtml，2009-01-16。

组织架构必须具有一定的层级性。详言之，行业工会的最高权力机构是会员代表大会，而会员代表是由各企业工会经过本企业内部的会员大会选举产生，再由这些代表组成行业工会会员代表大会选举出行业工会实际管理机构的组成人员。由此可知，行业工会的权力产生是以间接选举为原则。再从实践角度看，我国各地区大部分的行业工会都是根据所谓的行业主管部门对应设置，如出租车行业工会对应的是交通行政部门，旅游工会对应的是旅游管理部门，民办幼儿园教师工会对应的是教育行政部门。这就意味着，行业工会的组织架构将不可避免地带有较强的行政化色彩，具体表现为行业工会主席通常是由地方总工会或对应的行政部门推荐，再交由会员代表大会或者职工代表大会履行选举程序。

与之不同的是，职业工会的最高权力机构是会员大会，也即凡是该职业工会的会员均有选举权和被选举权（被停权或褫权者除外）；职业工会的管理层人员由会员大会直接选举产生，而所谓的行政主管部门只有接受备案的权力，而不能以直接推荐候选人干预职业工会的正常运行（事实上，基于灵活就业模式的高度分散性和碎片化，行政机关的推荐往往难以获得足够的认同），但为确保职业工会的自治权力不被滥用，法律应当赋予地方总工会以消极否决权。但需要强调的是，职业工会与行业工会在组织层级上亦有共同点，即都不宜在超出地级市的层级设置。对此，我国法律已有明确规定。我国《工会法》第11条规定："企业职工较多的乡镇、城市街道，可以建立基层工会的联合会。"《中华人民共和国劳动合同法》第53条规定："在县级以下区域内，建筑业、采矿业、餐饮服务业等行业可以由工会与企业方面代表订立行业性集体合同，或者订立区域性集体合同。"

3. 职能范围不同。在当前的经济形势下，行业的划分尽管始终存在，但职业类别的划分将会更加受到重视，否则政府无法有针对性地实施不同种类和力度的宏观调控，市场运行亦会陷入混乱状态。对此，行业工会的具体服务措施确实做出了与时俱进的改进，但其职能范围仍未发生实质性的变化。基于会员基础和组织架构的原因，行业工会无法为没有雇主或者没有固定雇主的新就业形态劳动者提供全面的保护和服务，而新的经济形势恰恰催生了大量具有此类特点的劳动者，因此，此类群体合法权益的保护已成为行业工会职能的盲区。在此情况下，职业工会的重要性便凸显出来。前已述及，职业工会是以"职业"为主要标准来确定会员资格，重视但并不过于强调行业的划分。职业工会根据共同的职业特征来向会员提供维权、职教培训等服务。这就意味着，属于同一行业但不同职业的就业者无法享受到某特定职业工会的服务。例如，在酒店餐饮行业工会和面点师职业工会（这二者均在市县总工会领导之下）共同存在的前提下，则会出现两种情况：其一，从事面点师职业的新就业形态劳动者可以在两个工会间做出选择，如其欲加入酒店餐饮行业工会，则必须与该行业内的某家酒店或餐饮企业形成劳动关系，并成为该企业工会的会员，但如其欲加入职业工会则不必受前述条件限制。其二，从事调酒师职业的劳动者可以经前述方式加入酒店餐饮行业工会，但不可以加入面点师职业工会。此时，该劳动者就有了选择权。一言以蔽之，行业工会的职能范围更广，各行各业有固定用工方并形成劳动关系的劳动者均可成立或加入相应的行业工会；而没有固定雇主的新就业形态劳动者，则可依据职业的不同加入相应的职业工会。

通过以上对职业工会与行业工会在职能范围、会员基础与组织架构等方面的比较，可以对职业工会的主要特征有基本的认识。需要强调的是，行业工会的特殊功能及表现，使其仍然具有强大的生命力，在具体的工作实践中也一直是重点发展的目标对象。而职业工会的构建，则是应对当前新就业形态劳动者规模日益壮大的现实，其独特的优势也决定了可以将工会职能拓展到行业工会难以顾及的劳动群体领域，因此，职业工会具有与行业工会区别明显的特点，二者之间应当是一种功能互补的关系。换言之，将二者加以对比的目的，不是要判定职业工会与行业工会孰优孰劣，而是在于强调职业工会的特殊性。事实上，二者最大的区别在于服务对象不同：行业工会服务于具有劳动关系的传统劳动者，而职业工会则是为了使当前大量的新就业形态劳动者亦能找到自己的工会组织，从而得到相应的保护。

第三节　职业工会的功能定位与实现

一、职业工会参与政策制定的功能

（一）更有针对性地收集与交换信息

在现代市场经济条件下，为确保决策能较为顺畅地达到预期目的，劳、资、政三方都需要清晰地了解经济发展现状与趋向、就业质量与劳动技能水平等劳动力资源情况、用人单位生产经营情况等各个方面的信息。然而，靠自身力量来获取信息的成本愈来愈高，市场主体需要通过一定的媒介及时进行信息交换，以确保己方决策的效益最大化。而同一职业领域内的用工主体和就业者如果能进行有效的信息合作，那么就会进一步降低获取信息的成本，从而实现有效的双向选择，减少社会资源的浪费。对此，职业工会有以下的特殊优势：一方面，可以充分利用自身职业性和针对性强以及专业化程度高的优势，为用工双方提供丰富的信息资源；另一方面，可将劳资双方对信息的反馈情况以及平时调研获取的情况进行集合整理，及时提供给政府部门，帮助政府开展有针对性的经济社会预测活动以做好相关决策。总之，职业工会这一信息收集及交换功能不仅有助于会员精准实现自身权益，同时也利于政府与用工方及时把握相关动态、做好决策。

需要强调的是，职业工会只有享有充分的知情权，才能进一步为市场提供高质量的信息资源，但如前所述，现实远不尽如人意。面对这一情况，我国可以利用未来建立职业工会制度的契机，由地方总工会充分利用其在各级立法机关中的特殊地位，针对用工方与网约工等新就业形态劳动者的关系及各自的运作特点，以职业为范围制定《信息共享办法》，督促政府和企业将不涉及国家机密、商业秘密和个人隐私的市场信息（如网约车司机补贴发放标准）以法定方式公之于众，以避免特定职业领域内治理规制的混乱性或标准制定的任意性，保障职业工会的知情权。

（二）更有效地分担政府的服务压力

随着"精准化服务"理念的深化，政府在制定服务劳动者的政策时，将愈加注重基层化、精细化和实效化，同时亦将在具体的实施过程中呈现三个特点：一是更为强调服务政策的新颖化，例如针对互联网经济的发展，政府提倡要将服务基层就业者的具体措施与互联网结合起来，以形成"互联网＋"的常态化；二是更为强调以点带面的政策示范及推广，如在当前共享经济发展迅速的背景下，政府已将影响较大、受众较多的网约车经济为切入点，通过对该行业的治理整顿来逐渐实现共享经济发展的整体规范；三是在政策的具体实施过程中更为强调"政府引导、企业为主、劳动者参与"的原则，如在推动新就业形态劳动者"工匠化"的过程中，相关政策清晰界定了各个主体的职责，推动相关管理权力的分散化，构筑新型的政资、政劳与劳资关系。这三个特点，不但揭示了在人口红利逐渐消失和创新逐步成为经济发展新引擎的形势下，政府已充分认识到高素质的劳动力将成为影响我国经济改革的关键因素；而且也显示出政府服务基层劳动者的压力亟须分解，包括工会在内的社会组织将拥有更多的自主权，多元化的治理格局正在形成。

职业工会将可以承担起现有工会组织难以承担的职责，即"将大量分散于社会各个职业领域、无固定用工单位和规章制度约束、组织性与规范性亟待加强、劳动技能水平和社保受保障程度亟须提升的新就业形态劳动者组织起来，以集中规范引导与服务"，在寻求社会资源合作、开展职业劳动技能竞赛、为职教培训提供经费支援等方面主动发挥作用，以减轻政府在宣传教育和财政支持方面的压力。同时，针对当前社会组织行政化色彩过浓、现有工会组织的行政化改革仍然任重道远的客观现实，职业工会可更充分利用其熟知新就业形态劳动者利益诉求及就业情况的优势，积极参与到政府相关政策制定的过程中，引导行政力量有针对性地发挥作用。

二、职业工会助推职业发展

（一）激发灵活用工主体的人力资源内生动力

众所周知，在国民经济发展的过程中，企业是最重要的主体。但囿于世界经济发展持续低迷和我国经济下行压力加大的客观现实，我国企业的生产经营状况千差万别。在新经济新业态领域，用工主体基于追逐利润最大化的天性，在提升人力资源质量方面大体呈现两种表现：对于接纳职校实习生、接受或指派经营指导人员、提供实习岗位等有利于生产经营的活动，绝大多数用工主体都会乐观其成甚至主动开展；对于参与学徒制具体政策制定、新型学徒制发展规划、行业职业标准制定、行业人力资源预测、学徒接受教育的监控与成果测定等不能带来直接经济效益的活动，大型用工主体或可接受，而大量中小微型用工主体迫于沉重的生产成本压力或出于"搭便车"的心理而难以配合。这两种表现，实质上反映出各用工主体对学徒制短期内难以提高甚至可能降低其竞争力的担忧。毕竟，我国"大多数中小企业处于产业链的末端，规模、人力、物力、财力、影响力相对欠缺，普遍面临人才和资金短缺问题，从社会责任体系的建立到实施都缺乏足够的专业人才和相应的资金支持"[①]。针对这一问题，工会作为具备一定实力的第三部门，有义务也有能力为暂时不具备或勉强具备企业新型学徒制实施条件的用工主体分忧解难。

然而，职业工会的长期缺位，首先不利于将大量亦有实施学徒制需求的新就业形态劳动者组织起来进行有计划的职业能力提升培训，而且也不利于根据所在职业特点、灵活用工方对人力资源质量的特殊需求，来实现与政府部门和

---

① 张春华：《平台的力量——中国工经联推进工业企业及工业协会履行社会责任》，《WTO经济导刊》，2009年第6期，第52—55页。

社会力量的协作以尽可能地为新型学徒制在用工方的顺利实施争取社会资源，并降低推行该制度过程中"成本归企业，收益归社会"的风险。可以说，尽管现有工会组织特别是地方总工会亦有能力帮助企业实现人力资源质量的提升，但在新经济新业态领域，职业工会的长期缺位将使得此种能力失去其本应有的职业精细性、灵活性和针对性，从而不利于激发灵活用工主体投资职业教育的动力，以最终影响到该职业领域内凝聚力和竞争力的全面提升。

（二）帮助用工主体拓展市场与制度空间

当前，大量的新就业形态劳动者本身即兼具"劳动者"和"用工方"的双重属性（如自雇者），或者众多新就业形态劳动者尽管彼此并不熟识但拥有一个共同的用工方（如网约车司机与网约车企业），劳资界限日益模糊且互相依赖性高。这一新的用工形势或就业模式，体现了职业工会对新就业形态劳动者利益的维护，客观上也会起到帮助用工方拓展市场和制度空间的作用。

1. 职业工会可为用工主体争取到有利政策。这指的是职业工会可利用其熟知本职业领域劳动力资源状况和职业发展走向的优势，积极向政府提出本职业领域内劳资双方发展所需的现实要求，以争取政府制定出有利于职业发展的政策。例如，网约车司机工会即可通过地方总工会参与到本地区的劳动关系三方委员会或者政工联席会议，采用会议陈情、提交调研报告或直接与政府有关部门负责人面谈的方式，对本地的网约车管理办法提出意见和建议，争取使网约车行业管理规则在维护网约车司机利益的同时，也尽可能地有利于网约车企业的发展。

2. 职业工会可帮助用工主体避免不正当竞争。为了占领市场份额，各用工主体甚至就业者之间经常会竞相压价或者恶意抬高劳动力市场价格，其结果是小微型用工主体或自雇者不堪重负而退出市场，大型用工主体也会大伤元气而不得不降低产品或服务质量。这种不正当竞争的后果显然会伤及大多数用工主体和新就业形态劳动者本身，最终也不利于该职业领域的发展。例如，2015年，几家网约车平台公司为了抢占市场，疯狂烧钱，大打补贴战。滴滴、优步等公司动辄烧钱数十亿美元。这种非理性地抬高网约车市场劳动力价格的不正当竞争行为，导致彼时网约车司机大量涌入，入职门槛也不断降低，不但为滴滴公司后来的安全隐患埋下伏笔，同时也对我国网约车行业的整体发展产生了负面影响，而最终使得大量网约车司机也深受其害。未来网约车司机工会的建立，一方面可以帮助网约车企业加大对网约车司机在安全意识和驾驶技术方面的培训，以帮助网约车司机职业整体的规范化；另一方面也可通过在职业领域内签订集体合同的方式，对网约车司机的报酬收入和社保权益进行约定，在维护司机经济权益的同时也协调本地网约车行业内各用工方的人力成本，确保整个行业实现良性竞争。

3. 职业工会可以帮助用工主体开拓市场。新业态的产生使得在家办公、在线办公和碎片化服务成为常态，如在建筑装修行业，承包方不一定都会自行组织装修公司或者从劳务派遣公司购买服务，而是会经常性地与多个个体装修工签订协议，要求其在规定的时间内提供规定的服务或产品。这种模式适用于中小规模的装修市场，但如果想使这种碎片化服务更加专业化、规范化和集团化，就需要通过一定的组织将诸多的个体装修工组织起来，在不改变一对一签订合同的前提下尽可能地实现统一合作。此时职业工会就可以用签订集体契约的方式，统一约定同一职业领域内的个体装修工的劳动成果标准、劳动报酬标准和技能培训等事项，从而帮助合作的用工方提升产品与服务的核心竞争力，进一步开拓市场。

三、职业工会引导集体劳动权的行使

（一）开展协商以确定职业内的劳动基准

职业工会在我国建构的最大意义，在于将大量分散的、无传统劳动关系的新就业形态劳动者组织起来并采取一定的集体行动，以既能够实现单个新就业形态劳动者原本难以实现的利益，又能规范这些就业者的行为，从而达到促进该职业领域健康有序发展的目的。而此类集体行动，首先表现为集体协商机制的运用。

从目前来看，这方面的问题主要集中在以下几个方面：其一，关于合作或劳动契约的签订问题，突出表现为大量新就业形态劳动者没有与用工方签订格式和内容较为详尽的用工协议，而自雇者则更不可能有类似协议；其二，关于计酬和工时问题，突出表现为现行《劳动法》尚未回应新就业形态劳动者弹性多元的从业特征，以致该类人员从事劳动所获报酬无法依照明确标准计算，或其"议价"权不能得到相应法律保障，以及综合工时制或不定时工时制难以得到重视或真正落实；其三，关于职业安全问题，突出表现为网络平台企业过度追求绩效和一线就业者为尽可能多地"接单"而放弃职业安全和职业责任，并导致该职业领域内的不正当竞争日益严重；其四，关于社保权益问题，突出表现为大量新就业形态劳动者无法依照现行社保政策享有相应权益，以致工伤认定与损害赔偿难以在新就业形态劳动者中实施。

对于这些问题，当前主要依靠各级总工会通过对相关立法和政策制定的参与，以及协调劳动行政部门来尽可能地解决，而身为一线劳动者利益代表的企业工会、行业工会或区域工会，却因为无法依照现行《工会法》将大量新就业形态劳动者纳入其中而难以有效作为（事实上，即便各级总工会以类似于行政命令的方式将货车司机①等新就业形态劳动者纳入现有工会，其集体协商也会因工会组织形式、运作方式和服务内容与新就业形态劳动者之特点难以契合）。此时，就需要职业工会发挥职业针对性强、会员灵活多元的优势，首先以一定的用工契约为标准赋予新就业形态劳动者以集体劳动法上劳动者的身份，为其加入工会扫清法律资格障碍；而后，针对上述四类问题与用工方或者政府有关部门开展协商对话，以集体合同或集体性协议的形式使新就业形态劳动者或灵活用工的特殊需求能够得到切实的法律保障，并在职业领域内实现真正的规范发展、公平竞争。

详言之，我国未来的职业工会应主要以开展职业领域内的集体协商为手段，推动职业领域内劳动力市场逐渐成熟，从而最终达到新就业形态劳动者权益诉求整体实现的目的。以职业体育为例，在当前我国竞技体育这一职业领域内，高收入的职业运动员仍是少数，大量低水平的职业运动员在工作和生活待遇方面承担着较大的压力，因而有着较强的维权欲望，这就使得他们对所在球队（俱乐部）关于个体经济性权利的决策异常敏感。职业运动员工会建立后，便可以通过开展职业性的集体协商、签订集体合同这一制度化的形式，来满足职业运动员合理的权益诉求，以稳定职业体育领域内的劳动关系，推动职业运动员市场逐渐走向成熟。具体而言，一方面，职业运动员工会能通过集体协商来降低职业球员的流失率和提高职业球员的实际收入水平与社会保障水平，从而提高俱乐部的利润水平和竞争力；另一方面，针对球员对于工作环境、社会福利保障、工资支付保障等方面具有需求同质性的特点，职业运动员工会能代表球员与俱乐部进行集中协商、签订统一的集体合同，这对于降低逐个协商的成本、节约交易费用和消除俱乐部和职业球员之间的误解具有正面意义。由此可见，职业工会的建立对保持职业运动员市场活力和实现竞技体育的稳定发展具有很大的促进作用。也正因为如此，根据中国足协几年前进行的一次对成立球员工会的调查，90％以上的被调查球员都在"需要"上画了勾。②

---

① 《全总将大力推进货车司机等八大群体入会》，中工网，http://acftu.workercn.cn/27/201804/10/180410175102817.shtml，2018-04-10。

② 《集体合同签订覆盖1亿6千多万职工，2011达80％以上》，全国总工会新闻网，http://www.china.com.cn/gonghui/2010-06/08/content_20211060.htm，2010-06-08。

（二）规范争议以维护职业内的用工秩序

一直以来，劳动者的争议权都是影响劳动关系运行秩序的一大因素。"为争议而争议在法律上并无任何意义"①。因此，争议权的行使必须遵从法治的基本要求，而这正是职业工会优势之一：一方面，职业工会凭借其更强的代表性，来要求争议行为的目的不得过度损害社会公共利益。例如，由于联合抵制服务的提供是网约工对抗用工方的权益侵害、保障自身"议价"权的有效手段，故此种抵制行为虽然会对一定范围的公共利益产生影响，但只要是在适度的范围内就不能被认为是非法的；但是，如果联合抵制行为（如网约车司机围堵车站、码头、机场）超出了适当的范围而对社会公众利益产生了重大影响，即为不合理甚至是非法的。对此，职业工会可发挥其自治性和更强的代表性的优势，通过自治规则辅以法律手段，对争议行为进行引导和规制，这种手段既包括平时的职业教育以及集体协商机制，也包括现场采取劝导措施。另一方面，职业工会因更为熟知新就业形态劳动者的日常状态，故在提出立法或司法建议等方面更有说服力，特别是更有资格要求法律法规或政府规章明确界定公共利益是否受到争议行为损害的分界点。在这方面，职业工会可以提出下列参考标准：一是争议行为是否阻止合法的工会组织发挥作用；二是是否坚持"穷尽救济手段"原则，亦即是否是在集体协商无效，或者工会不作为、消极作为、难以作为，或者司法途径难以解决问题等情况下行使的争议权；三是争议行为是否已达到严重危及社会公众人身权和财产权程度；四是争议行为是否已严重影响政府及有关部门正常运转和经济社会的发展秩序；五是争议行为是否妨碍企业或用工方合法行使经营自主权。五项条件符合其一即可考虑判定其违法，应承担相应的法律责任。此处需要强调的是，职业工会对新就业形态劳动者行使争议权的引导应当立足于现实国情，并分阶段和步骤进行。尽管学界关于有"对于劳动者而言，无罢工权保障的协商无异于集体行乞"之说，但现阶段仍不宜强调"职业工会在必要时得引导会员进行争议行为"，而是应将重心放在争议行为发生前后的引导与遏制之上。

当然，引导和规制新就业形态劳动者争议权的行使多是事后之策，而拓展职业工会自身的教育与互助职能才能从源头实现职业发展的良好秩序。职业工会对灵活就业者的详细了解，有助于针对用工双方的薄弱环节和集体争议的"易燃点"，充分发挥其职业教育与互助的职业性、专业性和工作机制更为便捷

---

① ［日］石井照久：《劳动法》，东京弘文堂，1977年版，第79页。

的优势，从源头上解决问题，即消除职业领域有序发展的隐患。详言之：第一，常态化地开展针对新就业形态劳动者的职业教育培训。针对当前新就业形态劳动者职业教育培训的空白，职业工会应注重挖掘内部服务潜能，可自行或借助地方总工会平台设立就业指导与培训机构，或者积极争取技术学校、大专院校等社会力量的支持，通过为新就业形态劳动者量身定制的课程，指导培训他们顺利获得相应的职业资格，从而为高质量的就业奠定坚实的职业技能基础。第二，促进新就业形态劳动者社会保障规范化。前已述及，大多数新就业形态劳动者无法按现有政策享受某些社保政策或者地方总工会的困难帮扶。而根据社会保障基础理论，互助保险作为社会保险和商业保险的重要补充，可以把长久以来分散的、随机的和应急性的工会困难帮扶，改革发展成为制度化和社会化的互助保障机制。也即，互助保险的保险对象将不限于建有困难档案的职工范围，而是要拓展到参加工会组织的全体会员。因此，未来职业工会若能在此方面有所突破，则将在很大程度上弥补新就业形态劳动者社会保障权益缺失的遗憾，而这也是政府和企业所乐见的。第三，加强用工双方的职业伦理建设。新就业形态劳动者虽然具有更强的分散性和流动性，但这并不意味着用工双方就不需要"责任感""归属感"和"凝聚力"等职业伦理。加强职业伦理建设从而在本职业领域内培养出大量的具有工匠精神的新就业形态劳动者，职业工会可以积极评选并向地方总工会推举职业领域内的劳动模范、大国工匠、和谐劳动关系先进企业，给予表现突出的新就业形态劳动者和用工者以一定的精神与物质奖励，以大力提升双方的社会荣誉感和责任感，为新经济形势下用工双方关系的和谐稳定打好基础。

综上所述，由著名学者黄越钦先生的定义引申，职业工会指的是由分属不同用工方或者没有固定用工方但从事同一职业的劳动者组成的工会组织。这一工会组织形式最明显的特点即为"职业"二字，故若想成为该型工会组织的会员，则必须首先完全符合该特定职业的特征，换言之，其职业类别必须相同而不能相类似或属于同一行业。除了把握职业工会之"职业性"这一根本特征外，由于本书主题是如何在我国建构职业工会，故不仅应当把握"法人""非营利法人""互益性法人""具有公益法人倾向"等工会的一般特点，还应重点研究在我国的特殊语境下，职业工会还有"职能范围""会员基础""组织架构"等方面相对于现有工会的独特之处，这也是接下来展开研究的逻辑前提。对职业工会的基本内涵的明确，为通过建构职业工会以解决其会员权益保障缺失的现实问题奠定了基础。进言之，只有明白供给侧结构性改革与就业危机、共享经济与就业规范化、人工智能与低端就业者的劳权保障之间的现实关系，才能对职业工会建构的必要性有更深认识，也才能明白职业工会在参与政策制定与实施、规范职业发展秩序、引导集体劳动权行使等方面发挥其重要意义。

第二章 新经济新业态下职业工会建构的现实诉求

任何组织类型的产生,均有其特定的时代背景和现实需求,职业工会亦是如此。如前所述,近年来,生产组织方式和用工方式也产生了重大变革。由此带来的新型灵活用工或灵活就业现象大量出现,不但给劳动力市场结构带来了深刻影响,同时也对灵活就业者的权益保障提出了新的要求。然而,由于灵活就业者的话语权难以实现,不但使其权益保障面临诸多障碍,而且也为所在职业领域的整体发展埋下隐患。对此,作为劳动者的权益维护者的工会组织,理应通过合适的组织形式并配之以科学的运行机制及有效的制度手段,发挥代表及维护灵活就业者合法合理权益的作用。

第一节 新就业形态劳动者的界定及其权益保障现状

一、新就业形态劳动者的界定及发展现状

讨论"新就业劳动者"的界定,离不开对"灵活就业者"的理解。事实上,新业态下劳动者最明显的特征就是高度的"灵活性"。从此意义上讲,"新就业形态劳动者"亦可表述为各类体现新经济新业态特征的"灵活就业者"。

所谓"灵活就业",指的是从劳动者的角度出发对劳动力市场灵活性的一种描述。"灵活就业"并非近年来的新现象。事实上,自20世纪中后期以来,为增强竞争优势,西方国家企业的劳动关系与用工制度处在深刻的变革之中,加之过去30年全球化发展持续加速,出现了大量的非全职、非全时、非典型的灵活用工现象。[1] 而"灵活就业"作为一个概念,源自1972年国际劳工组

---

[1] 涂永前:《应对灵活用工的劳动法制度重构》,《中国法学》,2018年第5期,第216—234页。

织关于《就业、收入与平等：肯尼亚增加生产性就业的战略》报告中的"非正规部门就业"，该组织又于《世界就业报告1998—1999年：经济全球化背景下的就业能力培训的重要作用》中对"非正规部门"的范围有了明确界定，即雇佣工人的小企业、主要利用家庭成员劳动的家庭企业和自谋职业者所从事的经济活动。近年来，"非正规部门"的内涵有了进一步的革新与拓展，其从业人员主要指的是技术水平不高、资金相对匮乏、收入不太稳定且没有固定雇主或合作者的就业者，以及自雇人员。在西方国家，其非正规部门的从业人数也处于急剧增长状态。例如，早在2012年，德国"总就业人数（15~64岁）为3925万人，其中非全日制就业人数为1007万人，占25.65%"。而日本"在2014年的临时工、社外工、期间工、兼职者、派遣员工等灵活就业者占其总就业人口的37.4%，达到1962万人"，到了2015年已上升至37.5%，而在1985年，这个比例只有16.5%。①

出于用语正面性的考虑，我国多使用"灵活就业"②一词，并于2001年的《国民经济和社会发展第十个五年计划纲要》之"人口、就业与社会保障重点专项规划"中首次提出这一概念，即"要引导劳动者转变就业观念，采取非全日制、临时性、阶段性和弹性工作时间等多种灵活的就业形式"③。近年来，"灵活就业"得到了中央的大力支持，并被多次写入中央全会公报和国务院政府工作报告之中。

早在2005年，我国即将"灵活就业"分为六类：生存型的社会劳动组织、其他非正规部门就业、正规部门中的灵活就业、劳务派遣型工作、闲散劳动、自由职业者。④ 时至今日，随着供给侧结构性改革的不断深入，移动互联网、大数据、云计算、物联网、移动支付等新技术的出现，以及共享经济、微经济、零工经济等新业态与新产业的迅猛发展，"灵活就业"有了更为丰富的内涵。相应的，灵活就业者的范围与类别也急剧拓展，其人员数量也进入高速增长的快车道。2000年，我国城镇总就业规模中的灵活就业人数首次超过传统

---

① ［日］香川孝三：《他山之石：国外专家如何看待"灵活用工"》，《人力资源》，2016年第11期，第36—37页。

② 张丽宾、游钧、莫荣、袁晓辉：《中国灵活就业基本问题研究》，《经济研究参考》，2005年第45期，第2—16页。

③ 吕红：《转型期灵活就业可行性的理论分析》，《当代经济》，2007年第3期，第49—50页。

④ 张丽宾、游钧、莫荣、袁晓辉：《中国灵活就业基本问题研究》，《经济研究参考》，2005年第45期，第2—16页。

就业，①而随着经济体制改革的不断深入和新技术与新业态的不断涌现，我国"灵活就业"的发展态势更加迅猛。国家信息中心的数据显示，仅在共享经济领域，"2017年我国共享经济平台企业员工数约716万人，比2016年增加131万人。……截至目前，我国'网约工'人数已达7000万人左右，同比2016年增加约1000万人左右。……到2020年，……共享经济提供服务者人数有望超过1亿人，其中全职参与人员约2000万人"②。

二、新就业形态的特征及模式归纳

（一）新就业形态的基本特征

新就业形态的之所以不同于传统的就业形式，与传统经济结构变革、新经济形态兴起和新技术升级的影响密切相关，并表现为以下特征：

1. 高度的灵活性和碎片化。从传统的劳资两分法来看，新就业形态既意味着劳动者可以根据其自身需要而自由参与劳动力市场、自主选择劳动提供方式；也意味着企业可以根据生产经营需要而自由安排用工方式，或更自主地与劳动者建立劳动关系、劳务关系或民事合同关系。当然，双方的"自由"不能突破法律的限制。这种分类虽突出了"灵活"，但仍然没有跳出传统劳动关系的固化思维，并忽视了新经济新业态下"企业"的内涵与外延已大不同于以往的客观现实。

今天的新就业形态其实是一种对劳动力资源的新型分配方式，这种方式与传统就业方式的不同之处在于"新就业形态下劳动者与组织的关系更松散、更灵活，去组织化趋势明显"③。在这种全新的工作方式下，传统产业下从业人员与其工作岗位之紧密联系被打破，以智力型或技术型产出或服务为主业的用工方或自雇者，不再要求从业人员必须在固定的场所提供劳务。这就意味着，报酬或对价的获取、劳动时间及地点的安排将会愈来愈呈现碎片化和灵活性特征。

2. 主要集中在服务业且职业分类愈加精细化。按照美国社会学家丹尼

---

① 姚宇：《中国非正规就业规模与现状研究》，《中国劳动经济学》，2006年第2期，第85-109页。
② 《共享经济有望成扩大就业主力 2025年从业者或超1亿人》，新浪网，https://tech.sina.com.cn/i/2018-07-16/doc-ihfkffak2043475.shtml，2018-07-16。
③ 张宪民、严波：《互联网新业态平台企业就业形态调查及探析》，《中国劳动》，2017年第8期，第14-19页。

尔·贝尔的观点，人类社会可以划分为前工业社会、工业社会和后工业社会三个阶段。而从第三个阶段开始，就业规模最大的产业就已经非服务业莫属。在服务业领域，大规模生产与较长产业链相伴而生的大规模合作已不存在，就业者个人的知识技能、工作时间和身体素质成为商业交换的主要内容，甚至在很多情况下个人即为独立的服务提供商。在此基础上，服务业的大部分产品是由就业者直接提供给所在区域的消费者，而不再如传统工业产品一样经过集中化生产并以贸易的方式流动至其他地区。这就使得服务业将主要依靠就业者个人而非用工主体，而其高效专业的特点又进一步吸引到更多的新就业形态劳动者。时至今日，随着技术的进步，服务业的发展又获得了互联网等信息技术的支持，供需双方的信息可以顺畅地交流互通，甚至独立的个体之间即可直接交易，这就为从事服务业的就业者提供了扩大服务半径的可能，从而产生了职业形态各异的工作机会。也正因为如此，战略性新兴服务业、高技术服务业、电子商务、快递业等新兴职业吸引了愈来愈多的新就业形态劳动者加入。

3. 劳资界限模糊化。在诸多的新兴职业领域，雇主的概念已非常模糊，甚至没有雇主的存在而直接由商品提供者与接受者直接交易。特别是在共享经济条件下，除了与平台公司签有劳动合同的传统劳动者之外，更多的就业者可以自由决定是否工作以及何时工作，其收入也并非平台公司的支付而是与之进行分成。尽管平台公司仍旧可以对就业者进行一定程度的约束，如设定分成或返现比例、设定合作门槛及考核标准等，但此种模式与资方完整地拥有控制劳动者的工作时间、劳动报酬和组织管理的传统工厂制模式截然不同，这就决定了已不能再简单地用"劳方与资方"来界定二者关系。这样一种特点有利有弊：一方面，可以降低普通民众的就业成本，并可使资本拥有者更快更精准地找到可以雇佣或合作的人才，从而为减轻当前的整体就业压力做出贡献；另一方面，就业形式的不断创新，劳动力市场上各方的主体难以清晰界定，由此引发了诸如"劳动关系难以认定""社会保险难以覆盖"等诸多现实问题，且对现有工会带来极大冲击。

（二）新就业形态的主要模式

新就业形态的前述特征决定了其必会呈现出不同的就业模式，而从劳动关系角度来看，可大致归纳为两类：

1. 非传统劳动关系的他雇者。在这一类别中，最受学界关注的当属依托平台公司的所谓"自由职业者"，如滴滴司机、58到家的家政服务员、威客众包等。此类就业者通常通过平台公司提供的平台与市场进行交易，工作碎片化，工作时间和地点不确定，所获报酬来源于产品或服务的接受者而非由平台公司支付。对此，不少学者认为因平台公司与就业者签订的是合作协议而非劳动合同，故双方是一种承揽关系或劳务关系；① 但也有学者认为二者的劳动关系虽然弱化，但并非不存在，公司依然对就业者实施着一定的控制权（如根据一定的考核标准来决定就业者的抽成金额或者能否继续从事相关运营）。因此，此类就业者的法律身份究竟为何，理论与实务界迄今仍无定论。

2. 非传统劳动关系之自雇者。此类就业者又可分为两种：一种是由从事相似职业并拥有相同爱好的人，在彼此信任的基础上成立交流群并通过分享来获取收益，当前非常流行的网络直播者即为此类；另一种是以自由撰稿人、专职家庭教师、市场策划人、自由经纪人或自由艺人为代表的自雇者，他们通常凭借自己的专业技能生存于某一专业领域，并具有更高的市场细化程度。从现实情况来看，这类就业者虽工资收入水平较高、工作自由度高，但缺少政府治理及法律框架内的保障。②

当然，以上两类只是新就业形态劳动者群体中的主要组成部分。随着经济结构调整的深入和新型经济形态的不断涌现，新就业形态劳动者的类别肯定会愈加精细和复杂，但囿于法律资源所限，现行法只能针对现有的新就业形态劳动者进行调整或规范。例如，平台企业与相应就业者之间是否构成劳动关系，便是困扰学界多时的问题；而司法实践中也出现多个案情相似但结果相异的判决。③ 值得注意的是，此类情况已不是个例。④ 然而，不管双方究竟构成何种关系，新就业形态劳动者的弱势群体的地位并未有实质性改变，而其权益保障的重要性与紧迫性依然存在。

---

① 《网络预约出租汽车经营服务管理暂行办法》第18条：网约车平台公司应当保证提供服务的驾驶员具有合法从业资格，按照有关法律法规规定，根据工作时长、服务频次等特点，与驾驶员签订多种形式的劳动合同或者协议，明确双方的权利和义务。

② 纪雯雯、赖德胜：《网络平台就业对劳动关系的影响机制与实践分析》，《中国劳动关系学院学报》，2016年第4期，第6—16页。

③ 如在上海乐快信息技术有限公司（"好厨师"平台）与劳务提供者的劳动争议案中，法院认为双方构成劳动关系；而在上海盈信物流有限公司与劳务提供者的劳动争议案件中，法院认为双方不构成劳动关系。

④ 张宪民、严波：《互联网新业态平台企业就业形态调查及探析》，《中国劳动》，2017年第8期，第14—19页。

三、新就业形态劳动者的权益保障现状

(一) 关于知情权与参与权的保障

知情权是劳动者的一项基本权利。[①] 新就业形态劳动者作为广义劳动者,亦有权了解与其切身利益相关的政策信息。此项权利如无保障,不仅会影响新就业形态劳动者自身权利的实现,而且也会使相关决策难以获得新就业形态劳动者的真正认同。这在当今舆论影响不可估量的今天,无疑会加重新就业形态劳动者对政府及企业的不信任感,若再有体制外组织不当介入,那么集体争议行为的产生将难以避免。时至今日我国实行改革开放已有四十多年,目前信息"可以共享"和"依法保密"之间还缺乏明确的法律界定,这就使得本应公开的信息屡被作为机密信息予以保密。这种"神秘主义"的思维甚至已侵入企业管理层,致使企业多数规章制度的提出、论证、制定、出台的过程处于封闭状态,从而使规模庞大的新就业形态劳动者经常处于"猜疑"的心理状态,这一现状为集体争议行为的产生埋下隐患。

知情权未获足够保障,意味着新就业形态劳动者无法掌握翔实的信息资料,这就进一步减少了其行使参与权的机会;而参与权的缺失,又往往会引发一系列其他问题。以网约车行业为例,一方面,《网络预约出租汽车经营服务管理暂行办法》的制定部门多达七家,但工会作为劳动者利益代表组织竟未被列入其中,而所谓公开听证或公开征求意见的代表性不尽如人意,这就意味着一线的网约车司机很难了解该项制度的论证及出台详情,其意见和建议也很难全面、真实、及时地反馈至决策层;另一方面,工会源头参与缺失,使得集体争议行为的发生难以及时受到引导或规制,而网约车的高流动性和现代网络信息传媒的发达,又会使争议问题难以通过行政区域进行划分,从而使七家部门在跨部门甚至跨地区的"协同作战"能力上面临着重大考验。由此可见,新就业形态劳动者的知情权与参与权的缺失已不是微不足道的问题,其对灵活就业者其他权益的实现、特定职业领域的健康发展乃至社会的和谐稳定都会产生不容忽视的影响。

[①] 杜宁宁:《权利冲突视野下的劳动者知情权问题研究》,《当代法学》,2014年第5期,第117-123页。

(二) 关于劳动基准权利的保障

1. 就业权。新就业形态劳动者高度的灵活性与分散性，意味着此种就业方式具有高度的不稳定性，其中包括工作岗位的难以预测和报酬的不确定。随着经济形态的日益丰富，新就业形态的不稳定已经成为一种常态，并产生正反两方面的影响：一方面，此种不稳定使得新就业形态劳动者有更多的形式和途径行使其就业权，如职业类型可供选择的范围更广，工作自由度也更高；另一方面，不稳定意味着新就业形态劳动者失去工作机会的可能性大大增加，而且也意味着这部分劳动者将"无法充分享有集体劳动权、劳动就业权、培训权、养老金和医保等福利和社会保障，尤其是低技能劳工和女性群体被进一步边缘化，而他们恰恰是最需要劳动和社会保障法律重点保护的人群"[①]。而后者，对整体就业形势的影响更值得关注。

2. "议价"权。新就业形态最直观的好处就在于促使社会总成本降低。这一点在共享经济形态下体现得最为明显。作为在线经济模式，共享经济减少甚至省去了商品的中间交易环节，从而使得中间交易成本降到最低，而使资本的力量发挥到最大。但这也就意味着，平台企业"一方面控制了劳动力市场，另一方面控制了产品市场"[②]。而相应的新就业形态劳动者将无法直接或详实地了解产品市场的信息。例如，网约车市场资源已被平台企业所垄断，后者决定着该职业的市场价格、收入分配方式及奖惩标准，司机难以参与其中且并无任何话语权。加之就业人数众多、司机可替代性强，这就使得司机只能被动接受平台公司的交易价格而不可能做出其他选择。而新就业形态劳动者的"议价"权缺失程度至此，何谈其他权益的维护？

3. 职业健康权。近年来，不管是外卖小哥因抢单而频发交通事故，还是"无意识加班"[③]，业已成为很多中高端就业者常态，以致"过劳死"新闻屡见报端，这些都显示出超时超负荷工作已经存在于新就业形态劳动者中的各个收入阶层。前已述及，新就业形态最明显的特征即为"灵活"，这就意味着相关就业者的工作时间、地点和强度在很大程度上可自行掌握。出于对经济利益的

---

① 杨云霞：《分享经济下劳动法的困境与选择》，《人民论坛·学术前沿》，2018年第9期，第80—85页。
② 吴清军：《整合式还是多元化？——劳动关系研究范式的争辩与研究发展趋向》，《中国人民大学学报》，2015年第29期，第34—42页。
③ 无意识加班指劳动者在下班后仍然通过智能手机、平板电脑等接收并处理工作，却没有意识到自己处于加班状态的现象。

追求或者为了在规定时间内完成大量的订单任务，新就业形态劳动者大多会将安全、健康或者家庭和睦、人际交流放至次要位置，而自觉或不自觉地进入加班常态。长此以往，抑郁、焦躁、腰椎劳损等心理或生理疾病会愈加严重。在当前新就业形态劳动者的社保制度尚不完善、灵活用工市场尚不规范的现实背景下，职业健康权的不足所带来的负面影响还有可能继续加大。

4. 职业教育培训权。劳动者接受职业教育培训的权利已为法律明确保障，但具体到新就业形态劳动者，却存在较为棘手的问题。一方面，大部分新就业形态劳动者尚未与用工主体建立劳动关系，大量的自雇者更是排除在劳动关系调整范围之外，劳动者身份的缺失使其只能享有宪法上笼统的受教育权，而尚不具备行使劳动法上的职业教育培训权利。另一方面，依照当前法律规定，开展职业教育培训的主体主要为企业，地方总工会与政府部门亦是主体之一。但由于新就业形态劳动者尚未成立或加入合适的工会组织，现有工会囿于前述原因而难以为新就业形态劳动者提供切实帮助，故新就业形态劳动者的职业教育培训权无人代为主张，从而导致其职业教育培训成为遗漏之地。

（三）关于集体劳动权的保障

"现代劳动法律发展的重要标志是重视对集体劳动关系的规范和调整，以团结权、集体谈判权和争议权为基础的集体劳动权利体系，构成了现代劳动法律的基础。"① 然而，由于新就业形态劳动者的工作时间、地点分散，其个人权益诉求多元，故其组织化难度较高且程度较低，加之新就业形态劳动者非传统劳动者，致使其无法充分行使团结权；而基层工会的有心无力，又使得新就业形态劳动者的集体谈判（我国称集体协商）权与争议权因缺乏有效载体而难以行使。对此，现行劳动法律法规并未提出有效解决方案，而只是强调对传统劳动者的保护（如《工会法》规定劳动者有成立或加入工会组织的权利，《劳动合同法》也对劳动者的集体协商权的行使做了详细规定），相比之下，新就业形态劳动者的集体劳动权却处于保障不足的状态。

首先，新就业形态劳动者人数规模之庞大、经济贡献之卓越、社会影响之巨大，都迫切地要求有合适的社会组织将其团结起来以实现规范有序发展；而工会特别是职业工会的功能优势，又证明其为此类社会组织中最优的选择。但迄今为止，除了各级总工会要求将货车司机等八类群体纳入工会外，其他职业

---

① 程延园：《"劳动三权"：构筑现代劳动法律的基础》，《中国人民大学学报》，2005年第2期，第101—107页。

类别的新就业形态劳动者尚处于无组织状态，从而使得新就业形态劳动者各项权益缺乏足够的组织保障。这一问题于下文会详细阐释，故此处不赘述。

其次，关于集体协商权。前述新就业形态劳资界限模糊等特征，决定了用工双方不具有根本对抗性。而集体协商作为消除劳资分歧、尽可能寻找双方利益最大公约数的传统机制，原本也是可以运用于新就业形态劳动者之中的。以网约车司机为例，其集体协商可在两方面发挥作用：一是利益事项方面，如网约车司机补贴的发放、服务费的抽取、奖惩的数额、商业保险的购买、司机本人及第三方受到的损害赔偿、政府处罚的补偿等；二是权利事项方面，如网约车平台企业的日常运行管理制度、对司机的考评及奖惩制度、平台企业内部的劳资双方承运责任分担制度等。但由于没有充足的议价能力，网约车司机目前并无实力与资格与平台企业就利益事项进行协商；而又由于团结权上的障碍，网约车司机尚无组织及相应的机制与平台企业协商权利事项。如此一来，集体协商权对新就业形态劳动者而言只是一座美好的空中楼阁，而无法发挥其以协商来争取权益的作用。

最后，关于争议权。"为争议而争议在法律上并无任何意义"[①]，故争议权的行使必须遵从法治的基本要求，特别是其行为及目的必须合法且适当。这就要求：一方面，争议行为不得过度损害社会公共利益。如争议行为保持和平而理性，那么即便其为普通民众的日常生活带来不便，亦属于"适度"范围内；反之，如果出现围堵车站、码头、机场、高速公路甚至打砸抢的行为，则属于"过度"，应受到法律的制裁。另一方面，法律应当对是否适度有相对明晰的界定，如规定争议行为必须接受工会组织的引导、必须坚持"穷尽救济手段"原则、不得损害公民及公共安全、不得妨碍政府及企业的正常运转等，否则即为违法。需要强调的是："争议权"的行使并非集体劳动权行使的首选方式。换言之，如果团结权和集体协商权能获充分保障，那么集体争议行为便不具备产生的空间，此时"争议权"便只是作为书面上的威慑性权利而静态存在。

（四）关于社会保障权

当前，以灵活就业群体为主要内容的新就业形态劳动者的社保水平与传统劳动者群体相比还有较大差距。究其原因，一方面是因为新就业形态劳动者中的绝大部分没有与用工主体构成传统意义上的劳动关系，这就使得与劳动关系紧密挂钩的社会保险权难以在这部分群体中落实；另一方面，我国现行的基本

---

① ［日］石井照久：《劳动法》，弘文堂，1977年版，第79页。

社保制度在设计之初,供给侧结构性改革尚未开始,人工智能才刚刚起步,共享经济更是还没有出现的迹象,故该制度更多的是针对当时的全日制就业形式。尽管当时也有数量众多的新就业形态劳动者,但依据法律和政策规定,这部分人是作为自由职业者自行缴纳社保,而雇佣大量新就业形态劳动者的企业也出于节约成本的考虑而有意回避社保制度的覆盖。时至今日,我国经济发展已到了崭新阶段,大量前所未闻的经济形态涌入市场,用工结构面临重大调整,就业形势日益严峻。在劳动力市场供远过于求的情况下,大量劳动者加入新就业形态劳动者大军,而国家的社保政策尚未进行有针对性的调整,这就使得新就业形态劳动者的社保权益更难以落实。

这一点,在共享经济形态中体现得更为明显。随着共享经济的快速发展,相关领域的就业者的工作时间、职业选择更加灵活多样,以至于被称之为不受传统劳动关系约束的"斜杠青年"[①]。从平台企业的角度看,用工双方建立劳动关系是就业者享受工伤保险待遇的前提,但由于作为斜杠青年的就业者自身知识水平和信息获取能力的欠缺,其在劳动合同订立、报酬给付和工伤保险方面缺乏足够的话语权,反而不得不为生存而与强势的平台企业签订合作协议,以被动地"帮助"企业规避劳动关系及相关成本。如此一来,新就业形态劳动者的社保权益当然无从保障。再从司法实践角度看,共享经济下平台企业与其就业者之间的关系至今尚无定论,就业者的工伤保险被保险人身份尚有争议,而一旦进入到司法程序,则就业者不得不承担劳动关系存在与否、所遭受职业伤害是否达到工伤保险认定标准等方面的举证责任,且极有可能历经仲裁、一审甚至二审程序。这对本身经济条件就相对较弱的新就业形态劳动者来说,会产生一定的经济负担。从此意义上讲,新就业形态劳动者的社保权得不到保障是有其客观因素的。

第二节 话语权提升:保障权益的必经之路

一、话语权的基本界定

所谓话语权,即为表达话语的权利。对于新就业形态劳动者而言,话语权

---

① 秦国荣:《网络用工与劳动法的理论革新及实践应对》,《南通大学学报(社会科学版)》,2018年第4期,第54—61页。

指的是其于利益多元化且彼此竞争激烈的社会环境下,通过一定机制将利益诉求表达于外并获得回应的权利。当前,学界对新就业形态劳动者及其权益保障的研究主要集中在某类具体权益方面(如新就业形态劳动者的社保权或休息权),而鲜有从新就业形态劳动者的话语权的角度进行研究,以致所提建议难以标本兼治。

事实上,新就业形态劳动者的权益实现之所以不尽如人意,根本原因在于新就业形态劳动者的权益诉求不能及时上传,以致影响到相关行政决策的科学性,进而又反过来导致这些权益面临更大的受损可能。这种现象,即为新就业形态劳动者的"话语权缺失"。法国著名哲学家米歇尔·福柯曾经指出,"话语权中的权力是指说话的资格"[①]。据其观点,话语权其实代表的是一种阶级对权力的掌握程度,表现为权力掌握者通过一定的传播媒介,将自己的诉求传送至权力实施对象,并要求对方能按照该诉求为一定行为并取得该诉求希望实现的结果。具体到劳动法领域,话语权主要在劳资双方以及劳政双方这两个方面表达:一方面,传统的劳动关系中劳资双方均会受到法律法规的约束与保护,且此种约束与保护会受到来自工会等法定组织的制度性监督,故劳动者在劳资争议发生时具有一定的话语权,其基本权益一般也会得以实现。但当前的问题是,尽管法律法规也会对灵活用工的双方有所规定,但是没有合适的第三组织进行有效监督,这就使得新就业形态劳动者的权益诉求难以得到组织的声援及相应支持。另一方面,在传统的劳动关系里,当劳动者的话语权受阻而难以凭自己的力量实现权益时,各级总工会或者各类工会联合会还可通过参与立法或政策制定,将劳动者诉求或影响较大的利益主张集中传达至立法者或决策层。但由于新就业形态劳动者没有法定组织可代为发声,这就使得相关的立法或政策难以体现新就业形态劳动者的权益诉求。

总之,由于"权利总是从预先已经存在的分化开始起作用,并能够调动行为方式和制度化与理性化的多样机制、多样的目标和形式"[②]。故在新就业形态领域内各主体的权力分配中,话语机制的建构至关重要。话语权不仅事关新就业形态劳动者个人的社会地位与生存条件,而且将会影响到新就业形态劳动者的集体利益的实现。

[①] 王宝治、李克非:《公共治理视角下弱势群体话语权的保护》,《河北大学学报(哲学社会科学版)》,2015年第2期,第123—128页。

[②] 林莺:《中国当前弱势群体的权益保障与维护——基于话语权角度的分析》,《东南学术》,2011年第12期,第173—180页。

二、话语权实现不充分的成因探析

(一) 关于组织载体的合身性

成立或加入合适的组织载体,是个体实现其话语权,并使实现过程平和而理性的有效途径。正如美国经济学家奥尔森所言,"除非存在强制或其他某些特殊手段以使个人按照他们的共同利益行事,有理性的、寻求自我利益的个人是不会采取行动以实现他们共同的或集团的利益。换句话说,即使一个大集团中的所有个人都是有理性的和寻求自我利益的,而且作为一个集团,他们采取行动实现他们共同的利益或目标后都能获益,他们仍然不会自愿地采取行动以实现他们共同的或集团的利益"①。因此,个体的意愿与需求只有借助具有一定形式、规模和职能的权力组织才能够顺利而有效地表达,否则,话语权的实现将会因行使载体的缺失或不够强大而变得不可能。

然而,我国新就业形态劳动者虽然人数众多、规模庞大,但一直都处于弱组织化状态。这是因为:一方面,新就业形态劳动者的利益诉求具有高度的灵活性、分散性和个体化,故很难通过现有组织将其整合起来;而我国法律对民间组织建构又有着非常严格的规定,这就决定了新就业形态劳动者无法自行成立相应的组织体。另一方面,尽管我国有成熟的工会组织可以帮助劳动者行使话语权,但大部分的新就业形态劳动者因不具有传统劳动者身份而缺乏成为工会会员的法律基础,这就使得新就业形态劳动者陷入无组织可依托的窘迫局面。如此一来,新就业形态劳动者的利益诉求难以组织化、集中化地表达出来,其话语权也因此而逐渐愈发难以实现。

这一局面产生的后果是严重的,它不仅会对新就业形态劳动者的个体权益的实现带来阻碍,而且会对社会秩序的稳定带来风险。一般情况下,公众权益受到侵害首先会想到与侵害者进行谈判,谈判无果则请政府相关部门或利益代表组织出面协调,协调不成时诉诸法律途径,法律途径行不通时再行集体争议。但当劳动者难以依托利益代表组织发声时,其往往会跳过中间步骤而直接发起集体争议行为。而此时,"当一个社会中各种成分缺乏有组织的集团,或无法通过现存的有组织的集团充分代表自己的利益时,一个偶然的事件或一个领袖的出现都可能触发人们积蓄着的不满,并会以难以预料和难以控制的方式

---

① 王金炳:《奥尔森及其集体行动理论》,《时代金融》,2007年第6期,第32—34页。

突然爆发"①。经济社会的健康稳定发展也将因此受到严重影响。

综上,在利益高度分散化和彼此竞争日趋激烈的当今社会,依托个人对社会治理的参与来帮助自己发展乃至实现社会公平正义的想法,只能是一种理想而不可能成为现实。时至今日,"现代政治秩序的达成方式越来越依靠'结构'而非'文化'来维持,这种结构秩序是多个行动单位个体、组织等在特定规则基础上互动的结果"②。而形成结构秩序的重要基础和增强个体行动能力的最佳方式,均为组织化行动。这也意味着"有组织的少数胜过无组织的多数"③,组织载体问题不解决,新就业形态劳动者话语权的行使与保障显然已无从谈起。

(二) 关于发声渠道的畅通性

1. 内部渠道。长期以来,民营经济领域里劳动者对企业管理的参与落实得并不理想,职工的民主管理权尽管在法律上有所规定,但在实践中却因缺乏具体的制度保障而难以实质性实行。根据劳动法律法规以及《企业民主管理规定》,劳动者对所在企业的民主参与主要包括三种路径:一是以职工(代表)大会为参与的基本形式,二是以集体协商为参与的主要机制,三是以职工董事、职工监事的身份参与到企业的经营管理层或决策监督层。但从相关条款内容来看,前述三种途径并未有明确的责任承担制度对其进行监督和保障,在客观上对新就业形态劳动者话语权实现也产生了重大影响:一方面,灵活用工主体因其经营规模或体制的原因,在客观上难以允许就业者对重大决策的参与,即便在网约车企业这样的大型灵活用工企业,司机也难以与管理层实现制度化的交流与互动,遑论对经营决策的参与;另一方面,民主参与管理的理念尚未在我国形成社会共识,特别是在当前民营经济发展较为艰难的时期,新就业形态劳动者的参与权以及更高层次的话语权,更被视为对民营经济发展效率的阻碍而遭受摈弃。由此来看,内部发声渠道不畅通,既是新就业形态劳动者话语权实现的先天性障碍,也受到经济发展阶段的后天因素影响。

应当强调的是,现有集体协商机制应进一步发挥增强新就业形态劳动者通过协商渠道来行使话语权信心的作用。本来,在劳动者的参与权一时难以落实

---

① [美] 加布里埃尔·A. 阿尔蒙德、小G·宾厄姆·鲍威尔:《比较政治学:体系、过程和政策》,曹沛霖等译,上海译文出版社,1987年版,第202页。
② 张静:《法团主义》,中国社会科学出版社,2005年版,第1页。
③ 王焱:《精英治理的合理性分析:成本、效率与秩序的优势》,《理论界》,2013年第8期,第15—18页。

的现实情况下,通过协商机制来帮助劳动者争取和维护具体权益应是最有效的选择。而从现实情况来看,新就业形态劳动者要么因力量相对较弱而不得不依靠企业或政府的扶持,要么因其就业类型原因(如自雇者、个体户或家庭经济组织)而难以进行利益的集中表达,那么在这样一种情况下,集体协商机制的内部沟通作用是难以真正落实的。

2. 外部渠道。新就业形态劳动者话语权的实现渠道确实并非仅有依托某一社会组织这一种。事实上,通过委托人大代表或政协委员表达对立法或参政议政的看法、在行政机关举办的听证会上表达对公共政策的意见和建议、经由信访部门或司法机关进行维权、将利益表达或观点意见诉诸新闻媒体平台等,均是新就业形态劳动者作为普通公民以行使话语权的"现成"渠道。从此意义上讲,新就业形态劳动者的意见或建议表达的机会与渠道种类繁多,并在立法、行政、司法、新闻等社会治理各主体都有体现。然而,从实践来看,由于新就业形态劳动者所掌握的权力资源较为薄弱,故相对于行政机关和灵活用工主体,前述种类多样、层次分明的发声渠道在实践中的作用发挥并未达到应有水平。这是因为:

其一,为提高参政议政的实效,我国人大代表和政协委员多由其所在职业领域的先进人物构成,但受现实条件的制约,由机关组织或自行开展的调研在客观上难以及时而全面地收集到最一线的新就业形态劳动者的利益诉求。这就难免影响到新就业形态劳动者通过人大代表与政协委员表达观点或权益主张的渠道的畅通度,其话语权也就难以充分实现。

其二,理论上讲,信访渠道和司法途径对新就业形态劳动者等普通公民话语权之行使应最有效果。特别是仲裁、诉讼等司法渠道的设置,将会使新就业形态劳动者话语权更具权威也更有保障。然而,囿于当前信访制度以及司法程序复杂且耗时较长的现实,新就业形态劳动者的许多权益诉求,即使进入信访或司法程序,也不得不面临程序复杂、时间成本过高和执行困难的现实难题。加之当前正处于社会利益结构调整的关键期,有限的信访及司法资源在客观上也确实难以满足新就业形态劳动者种类繁多、内容复杂的权益要求。

其三,相对于前两种渠道,听证渠道对新就业形态劳动者话语权的保障更为薄弱。这是因为举行听证并非所有公共决策的必经环节,而在一些重大问题上的听证,也不可避免地会受到所涉及领域的强势群体的影响。因此,新就业形态劳动者欲经听证程序来行使话语权的机会并不多,实现的可能性也并不大,这就进一步增加了该群体行使话语权的难度。在多数时候,新就业形态劳动者自己权益遭受侵害之时只能选择暂时隐忍或立足观望。长此以往,不但无法维护自身利益,而且对社会治理的现代化与社会公平正义的实现也是一种伤害。

其四,尽管当今互联网技术发展迅速,媒体大众化、自由化已是现代社会发展的趋势之一,新就业形态劳动者借助媒体发声已较为常见。但从现实情况来看,可以凭借现代化媒体渠道发声的多为青年新就业形态劳动者,而大量中老年就业者因技术或经济方面的原因,而"在媒介话语中,他们总是处于被动,其主体地位在无形中被剥夺了,其话语空间在无形中被侵占了……他们话语被限制、被扭曲、被推向社会的边缘"[1],进而被实际剥夺了通过媒体主张权益的机会,也就难以从根本上解决权益缺失的问题。

(三) 关于发声制度的保障性

新就业形态劳动者群体的产生有其深刻的历史背景。从社会发展整体进程来看,原有的社会格局总会被不断深化的改革所打破,而不同的利益阶层或利益集团也会因此而生。具体到我国,尽管新就业形态劳动者群体中有相当一部分人属于高技能或具备较高经济价值的就业者,其所从事的也多为具有一定资金和技术规模、能对经济社会发展产生重要影响的职业,但更多的新就业形态劳动者却是来自原有社会格局下,因年龄或技术原因被市场淘汰或遭遇企业裁员的下岗职工、进城务工人员、街边道旁的个体从业者等,他们从事着收入较低、岗位不稳定的职业,自身权益更易遭受侵害。针对这部分新就业形态劳动者,法律制度本应通过与时俱进的改革来提供更为充分的权益保障,事实上政府也确实进行了改革并先后出台了一系列相关政策,但从整体上看,这些制度措施还不完善,特别是针对新就业形态劳动者群体的社会治理参与制度、权利救济制度、工伤医疗保险等社会保障制度等,实施效果还不尽如人意。在此基础上,如无合适的沟通机制或渠道来帮助新就业形态劳动者进入主流话语体系,以进行相应的利益表达,那么这部分新就业形态劳动者容易走向要么集体失声,要么"转向依靠非制度化的、非常规的参与来表达其利益要求"[2],进而给社会稳定带来风险。

新就业形态劳动者的话语权能否得到实现或保障,检验着国家法律体系是否具备法治特质,并对行政机关及其行为的正当性做出道德评价。行政机关应

---

[1] 卫凤瑾:《大众传媒与农民话语权——从农民工"跳楼秀"谈起》,《新闻与传播研究》,2004年第2期,第16—20+95页。
[2] 肖建华、郭雄伟:《转型期农民利益表达的障碍及对策研究》,《中国农村观察》,2003年第5期,第17—22页。

赋予新就业形态劳动者以足够发展空间，以形成对强势利益主体的制约而在灵活就业领域实现各方利益平衡，此时，行政机关如果仍未彻底摆脱管制思维而对职能进行市场化转变，就将导致新就业形态劳动者逐渐失去对新就业形态领域治理参与的信心。以 2020 年推行的企业新型学徒制为例，尽管相关文件明确该制度的实施应以企业为主，但由于行政机关本身即掌握着大量职业教育培训资源并拥有职业教育政策的制定权，故在企业新型学徒制实施过程中，无论是企业或灵活用工主体还是劳动者或新就业形态劳动者，均会受制于行政机关的调度。此时，如无"合身"的组织代言则新就业形态劳动者，其实是难以进入到学徒制的运行之中的。由此引申来看，新就业形态劳动者的话语权如无有效制度保障，则由劳动行政部门主导的新就业形态劳动力市场便难言完善。

除以上三个方面的原因外，新就业形态劳动者主体意识的缺失也影响到其话语权的实现。在现代市场经济条件下，新就业形态劳动者既是灵活就业领域的义务主体，也是权利主体。新就业形态劳动者的受教育程度，在很大程度上决定了其于灵活用工市场上的权利义务意识及相应行为。如前所述，新就业形态劳动者群体既有高素质人才，也有文化水平较低者。而后者由于不具备相应权利义务的知识或信息，故而在权益受损时不知该如何维权，遑论通过行使话语权来表达自己的利益诉求。简而言之，这部分新就业形态劳动者对自己权益的表达，缺乏足够的主体意识及相应的自觉性。因此，新就业形态劳动者欲有效保障其各项利益，则必须从根本上解决话语能力弱或话语权行使无有效途径及制度保障的问题。

第三节　新就业形态劳动者话语权实现的制度诉求

一、工会组织：新就业形态劳动者话语权行使的主体依赖

社会组织种类和规模不断扩大，是现代社会发展的一个显著特征，也是"大社会、小政府"社会治理现代化的体现。就新就业形态劳动者而言，虽可通过一定的社会组织将其团结起来以提高话语权行使的机会和实效，但并非任一社会组织均有此功效，而是应当满足两方面的条件：一方面，该组织可以建立代表新就业形态劳动者群体共同利益的表达与沟通机制，从而可以使群体内部各阶层的利益诉求能够以适当的、合法的形式得到及时表达，实现各阶层之

间的相互理解、合作和妥协。① 另一方面，需要国家对该组织提供制度保障，使其代表新就业形态劳动者进行利益表达和利益参与的机制与方式简洁高效、丰富广泛，特别是国家应能通过该组织化解新就业形态劳动者内部因利益分化或差别过大引起的矛盾与冲突，从而实现职业发展的整体规范以及社会的和谐稳定。纵观我国当今各类社会组织，能够较好地满足上述两方面条件的首推工会组织。这是因为：

其一，受益于现行体制，我国工会始终与公权力部门保持着密切的联系。工会与立法、行政等部门长期以来的合作，在一定程度上为实现新就业形态劳动者的利益整合、弥补该群体在体制内表达利益的弱势奠定了坚实的基础。

其二，如前所述，"针对我国现阶段利益表达存在的问题，必须采取措施疏通利益表达渠道，实现利益表达机制的合理化"②。对此，工会组织可以分门别类地系统化进行。例如，在决策部分，由于保障某一利益主体参与决策的权利既是各利益主体相互博弈的产物，也是根据公平公正原则协调各方利益的结果，故对新就业形态劳动者话语权的保障，并非对相关利益主体相同权利的必然削弱。为保证这一目的顺利实现，工会组织可以充分利用其与政府的紧密关系并作为社会资源协调者的优势，提高听证、公示制度在涉及新就业形态劳动者利益的重大决策中的应用实效，从而为决策的出台打下坚实的民意基础，以保证各相关主体的利益实现过程民主而透明。在监督部分，出于维护新就业形态劳动者利益表达的现实需要，新就业形态劳动者组织应既能发挥新闻媒体的舆论监督作用，也能争取到其他社会组织对新就业形态劳动者行使话语权的善意监督。在这方面，宣传教育本就是工会组织的重要职能和开展工作的重要手段，并与新闻媒体及工商联、企业家协会、企业联合会等都保持着良好的互动，因此，通过发挥新闻媒体及相关组织作用来实现新就业形态劳动者利益的表达与维护，工会组织有着天然的优势。在救济部分，各级总工会作为涉工舆情的"第一知情人"和"第一报告人"，不仅自身有着丰富的处理信访或劳动争议的经验，而且与政府的信访部门也保持着良好的合作关系。在新就业形态劳动者中个人劳动争议或者群体集体争议行为发生时，工会可在最短的时间内介入，或协调信访、劳动仲裁或法院及时处理，并通过对司法公正的督促来实现对新就业形态劳动者合法权益的维护。

---

① 孙居涛、田杨群：《新时期工人阶级构成变化与利益关系调整》，《社会主义研究》，2004 年第 2 期，第 14—16 页。

② 刘勇：《改革开放以来工人群体利益关系的变化及其调整》，《陕西师范大学学报（哲学社会科学版）》，2012 年第 6 期，第 76—83 页。

其三，在当前经济结构进行重大调整、劳资争议局部多发和劳动者利益差别化日益明显的关键时期，社会组织为更有效地维护新就业形态劳动者利益，就必须使自身能够与市场经济体制特别是新的经济形势相适应，并通过对机制和渠道的不断创新来整合新就业形态劳动者分散、多样的利益诉求，以进行统一表达。而工会作为我国最大的枢纽型社会组织之一，① 在长期的发展历程中已经形成了强大的制度创新能力。它可以首先通过组织类型的创新，将新就业形态劳动者团结起来；进而通过职能内容与履职方式的创新，将新就业形态劳动者的声音传送至立法者或决策层。总之，工会组织可通过发挥其本身的制度创新能力，在新就业形态劳动者群体内部有效增进彼此间的理解与合作，从而提高新就业形态劳动者在劳动力市场上的谈判能力和风险抵御能力，并有效遏制集体争议行为的突发和无序，保证职业领域的发展始终处于一个和谐健康的环境。

二、职业工会：新就业形态劳动者权益保障的组织依托

职业工会在"会员基础""组织架构""职能范围"等方面的独特之处，以及"参与政策制定""助推职业发展""引导集体劳动权行使"等方面的功能，决定了其于维护新就业形态劳动者权益上更具优势。

（一）组织类型更"合身"

1. 创新工会组织类型。首先，职业工会更具精准性。一是职业工会有明确的组织和服务对象。前已述及，供给侧结构性改革的深入、共享经济的兴起及人工智能的发展，对用工模式的最大影响就是催生了大量的没有固定用工主体、不具备典型劳动关系的新就业形态劳动者。这类人员呈现出高度灵活性和分散性特征。对此，职业工会可充分利用其灵活多样的会员基础优势，在汲取现有工会的经验教训的基础上将新就业形态劳动者群体规范地组织起来。二是职业工会有精确的服务内容。新就业形态劳动者的需求涉及劳动报酬、工作条件、社会保障、管理机制等各个方面，其中有些已经超出现有工会职责或能力范围，因此，职业工会可发挥其服务内容与方式多样化的优势，坚持"尽力而为、量力而行"的原则，将服务重点放在力所能及的范围，而不可面面俱到。其次，职业工会更具专业性。经济结构的日益多元化，催生大量的职业种类：

---

① 梁玉秋、刘娟：《我国工会作为枢纽型社会组织的作用》，《辽宁行政学院学报》，2012年第14期，第148—149页。

一方面，供给侧结构性改革所淘汰下来的产业和企业，使得相当一部分劳动者进入新就业形态领域，从事各式各样的个体制造或服务工作；另一方面，随着新经济形态的影响范围逐渐扩大，网络直播、共享厨师、网约车司机、外卖快递等数年前还闻所未闻的职业如今已呈井喷之势。职业分工日益精细的特点，决定了有必要尽快发挥职业工会"职业性强"这一根本优势，针对不同职业提供不同的维权或其他服务，否则工会组织存在的社会意义将不复存在。最后，职业工会更具灵活性。如前所述，大量的新就业形态劳动者分散于市场各个行业或职业，且通常无固定的雇佣方，这就决定了职业工会可充分利用互联网、微信、微博等新媒介平台，以网上会员（代表）大会、微信群集体协商、电子集体合同等形式提供服务。

2. 确立工会核心价值。首先，"自治"是工会组织的核心价值之一。相较于普通劳动者，新就业形态劳动者因其较强的灵活分散性和"弱劳动关系"属性，而更难以形成规范化组织。故工会欲将其组织起来，客观上需要更为强调"自治"的作用。对此，职业工会可以在坚持党的领导和"一元化体制"的前提下，依法保障新就业形态劳动者组织自治权的落实。当然，作为工会类型一种的职业工会，尽管其最本质的表征为自治，但其自治权的行使却要受到严格规范。也即一方面，由于现代社会权力主要是通过契约形式产生，契约主体约定了社会权力的支配力与强制力，故工会的自治权也是由会员的权利让渡而产生，它以实现工会整体目标和增进会员个体权益为目标，集中控制和运用各种资源，并通过工会内部的自治规章来确保这种能力的实现。另一方面，工会自治权必须严格遵循法律优先和法律保留原则，特别是其自治规则的具体内容不得违背法律强制性规定、应由法律进行规范之处不得做出规定等等。其次，职业工会组织亦应将"自律"作为另一核心价值。职业工会的自律主要体现在如下方面：一是完善法人治理，即要以章程为核心，规范工会内部的民主议事、民主决策的范围、程序和方法。二是健全内部管理。特别是要完善人事、财务、档案、资产、活动管理、机构管理等内部管理制度，加强财务核算和资产管理制度建设。三是加强财务管理。工会的各类业务活动所发生的经费往来，必须纳入法定账户统一管理，不得进入其他单位或个人账户，也不得将自身经费收支与其他收支混管；自办实体的收入除用于组织管理成本和其他合理支出外，应当全部用于章程规定的非营利性事业，盈余不得分配；工会应定期向会员（代表）大会报告财务收支情况，自觉接受监督。

（二）组织机构更简捷

1. 完善内部组织机构。作为工会的一种，职业工会尽管有职业特征非常明显的集体利益，但这并不妨碍其内部产生利益矛盾甚至冲突。因此，职业工会作为享有自治权的主体，有权依照法律法规，通过自治规章安排其内部组织结构，在内部管理层与管理对象之间以及各机关之间形成权责分明、运行协调、相互制约的机制，以确保其决策科学、实施有效。长期以来，受计划经济体制的影响，我国工会组织的内部组织机构呈现上下对应、等级分明的行政化特点。由此产生的定性和以工作经验为主的工作方式方法，已经难以跟上数据化、信息化、系统化管理理念的发展趋势。对此，职业工会可充分利用其内部组织机构灵活、多样、简便的特点，首先建立互相制约的运行机制，减少机构层级，以保证上下互动联通和信息传达顺畅；其次，除了保留会员（代表）大会、执行委员会和监督机构之外，尽量不再设置其他的下属机构，以保证人员的精炼和工作的高效；最后，应设置问责或追责机制，防止工会组织为少数管理层人员掌控而形成决策"一言堂"的局面。此外，需要强调的是，为了实现工会自治和社会公共利益之间的协调，法律应当坚持有所为有所不为，一方面按照"事本主义"原则，保证工会围绕其核心使命来设置内部组织机构，以及做出相应的人事安排；另一方面应在把握宏观的前提下，而将具体问题交由工会章程来自行决定。

2. 加强外部法律监督。权力易过度扩张的天性和新就业形态劳动者权益诉求的非理性化，都会使得职业工会在实现自治的同时显现一定的局限性，如过度管制、增加企业成本、降低经营管理效益等。对此，职业工会虽可以通过内部机构改革来尽量消除上述局限性的影响，但更容易利用特定职业领域内新就业形态劳动者利益趋同且时有冲突的特点，名正言顺地寻求一定的"他律"机制，以实现对职业工会的有效外部监督。在具体的监督模式上，理论界与实务界至今已发展出法团主义和多元主义两种模式。究其内容，前者强调政府与工会组织的制度化合作，主张整合已经分化的权力；而后者认为政府应当处于更加中立的地位，工会自治权的过度扩张可交由多元化的组织（如同一行业中的不同企业工会）提供相互竞争来抵消。这两种模式各有合理之处，但在具体实施的过程中也容易走向过度依赖政府监管和过度依赖自律这两种极端。因此，应当采两家之长而形成具有我国特色的职业工会外部监督模式，有区别地运用立法监督、行政监督和司法监督。而在这三种监督模式中，由于行政监督容易产生政府过度干预，故因尽量避免使用；立法监督因其行使和效果显现周期较长，难以适应当前经济形势下劳动争议"短平快"的特点，故只能在特殊场合（如立法征询会议）和特殊时机（如法案初拟阶段）使用；相比之下，作为消极性权力的司法监督，由于其启动程序交由利益相关人自治，且其运作程序相对最为公正，故可作为对工会组织主要的外部监督模式。

（三）服务内容更具针对性

1. 扩大工会组织会员基础。长期以来，我国工会的"减压阀"和"助推器"作用已经得到了实践证明。时至今日，随着新经济形势所催生的新就业形态劳动者大量进入市场，其从业行为的规范程度和劳动权益的保护水平日益为社会所关注，而如何将他们组织起来，运用制度的力量规范其从业行为、保障其合理权益，就再次成为历史赋予工会组织的一项重要任务。对此，职业工会可充分发挥其会员资格门槛低的优势，在充分认识新就业形态劳动者入会的重要性的基础上，主动从劳动法具体规定和基础理论上为新就业形态劳动者工会会员资格的正当性寻找依据，特别是在当前各界对此类人员劳动者身份认定意见不一致的情况下，积极尝试从劳动法基本的立法精神和立法主旨出发，本着解决实际问题的原则，尽可能地另辟合乎法理的路径，为新就业形态劳动者顺利成为工会一员打下法制基础。

2. 以职业教育职能为重点。任何组织的成立以及任何法律制度的建立，都不能脱离当时的历史背景、经济社会发展阶段和基本国情。当前，我国正处于社会利益结构调整的关键时期，新就业形态劳动者人数众多、分布面广、与民众的日常生活息息相关，故工会应当在将其纳入组织覆盖之前或同时，即应考虑工会职能如何发挥的问题。如前所述，职业工会的诸项功能具有职业针对性强的显著特征，这就为未来职业工会在服务新就业形态劳动者上分步骤、有重点地履行职能打下基础。当前，由于新就业形态劳动者所关心的劳动报酬、社会保障等涉及劳资经济利益划分和国家相关法制改革的敏感问题，有些问题的解决时机或方案还不成熟，或者解决起来有可能造成更大的负面结果（例如，如果要求网约车企业为司机缴纳社会保险，则在当前融资日益艰难的今天，沉重的社保费负担将很有可能成为压垮企业的最后一根稻草，如此反不利于网约车行业的整体发展，也会给民众的日常生活造成巨大不便），则工会职能暂时不宜涉足；相反，由于职业教育培训对于提升劳动者的劳动技能水平、提升企业核心竞争力极具价值，而教育职能又正好是工会组织历来的强项和基本职能，故现阶段可将此作为职业工会的职能重点。例如，在当前普遍推行企业新型学徒制的背景下，职业工会应主动参与，并积极发挥社会资源丰富的优势，自行或协调地方总工会、职业技术院校对网约工的劳动技能、服务水平和安全责任意识加以培训。如此，不但有利于新就业形态劳动者的个人进步和企业效益的提升，同时也是在为政府分忧解难，也有利于工会自身的发展与完善。

总之，新就业形态劳动者规模空前壮大，其利益诉求的灵活多样也远超从前，对话语权的渴求也到了前所未有的程度。这就迫切需要工会尽快适应经济结构、用工或就业模式、劳动者队伍尤其是新就业形态劳动者的新变化，以建构职业工会的方式，及时创新组织类型、丰富职能内容、改革作用发挥方式，以更好地服务新就业形态劳动者、促进职业发展和维护社会稳定。

当前，新就业形态劳动者权益保障缺失的问题较为突出，主要表现为四个方面：一是其知情权与参与权未充分实现；二是其劳动基准权利有待落实，如就业权、"议价"权、职业健康权、职业教育培训权等；三是以团结权、集体协商权、集体争议权为主要内容的集体劳动权难以落实；四是其难以享受现行社保政策眷顾。这些权益缺失的根源在于新就业形态劳动者的话语权缺失，突出表现为没有合适的组织载体、畅通的发声渠道和相应的制度设置。严格意义上来讲，话语权本属于个体性权力，但囿于新就业形态劳动者分散灵活的特性，故必须有一定的组织体代为行使，方能发挥该项权力的真正效用。而作为我国最大的社会组织之一，工会因有法律的明文规定、稳固的社会地位和丰富的实践经验而可担此使命。但由于面对的对象是高度分散灵活、职业化特征明显且大多不具备传统劳动关系的新就业形态劳动者，故并非现行任何工会皆可发挥作用，而必须有组织更为合身、机构更为简洁、职能更具针对性的工会组织类型即职业工会方可堪此重任。

第三章 职业工会建构的法理与实践基础

前已述及,职业工会在我国仍属新生事物。这即意味着,了解职业工会的基本内涵及其对新就业形态劳动者的功能只是第一步,而后必须对其法理根源有深入了解,并对我国相关实践经验有全面把握。为此,本章将在深入探讨工会代表权理论的基础上,结合工会类型化理论,争取明确职业工会建构的法理根源所在。在此基础上,对现行法律或地方性法规及规章政策的内容进行分析,从中寻找出职业工会建构的法律依据,并努力从域内外相关规定与实践中获取经验启示。

第一节 职业工会建构的权利溯源

一、工会代表权的基本界定及其双重属性

（一）工会代表权的基本界定

关于工会代表权的界定,学界意见并不统一。有学者认为,工会代表权指的是法律所确认的工会作为会员和职工利益代表的资格、权利和义务。[①] 亦有学者指出,工会代表权是指法律确认工会有权或有资格作为会员或职工利益的代表。[②] 两种观点虽有差别,但均涉及义务属性是否应为工会代表权所体现。循此思路,可认为工会代表权具备如下属性:其一,需由法律确认及保护的法定性;其二,劳动者权益代表的法定不可替代性;其三,由劳动者权益代表之初衷所决定的权责并重性。由于本书研究目的在于探寻职业工会对新就业形态劳动者行使代表与维护职责的权利根源,进而通过一定的组织架构、运行机制

---

① 刘诚:《发达国家工会代表权立法及其借鉴》,《学术界》,2006年第5期,第275—281页。
② 杨汉平:《论工会的代表权》,《工会理论与实践》,2002年第2期,第25—28页。

及制度措施，实现对新就业形态劳动者话语权及各项"类"劳动权益的有力保障，故此处的工会代表权可定义为工会代表广义劳动者（包括灵活就业者）而发出或接受意思表示的资格、权限及义务，其行使状况决定着工会其他相关权利能否实现以及实现程度。

由于"获得利益"是包括新就业形态劳动者在内的广大劳动者行使话语权及其他权利的主要目的，故工会代表权将更多地体现在作为劳方利益代表与资方博弈以维护或争取劳动者利益。又由于劳动者相对于资方在整体上处于弱势地位，而新就业形态劳动者群体更是因其过于分散且组织纪律性弱而无法对外声索权益，故工会代表权一方面应体现在形成良好的内部沟通机制和利益表达机制，从而形成集体的统一意志主张和利益争取；另一方面应体现在针对当前经济发展新形势和就业新模式而灵活运用团结权和集体协商权，通过职业工会这一集体力量来规范、有效地维护劳动者（包括新就业形态劳动者）合理合法的利益。这些"体现"，均彰显出工会代表权其实就是对劳动者（包括新就业形态劳动者）的利益关系的一种调整。由此引申，工会代表权又可进一步细化为三种权利：其一，利益整合权。工会会员是一个个的个体，无论是典型劳动者还是新就业形态劳动者，其权益均呈现不同程度的分散化特点，在一定条件下还会产生冲突。因此，为了使工会会员整体利益得到维护，就必须对分散的个体利益进行内部整合，从而形成集体利益和统一意志。整合方式可以多样化，但必须是在对会员权益需求进行充分了解的基础上对不同利益关系进行协调，进而归纳、整合并提炼出最终形成的共同主张，以使绝大多数会员的利益得到最大程度的维护。由此来看，工会的利益整合权主要是一种对内的权利，指的是各类工会组织对工会会员的内部代表权。其二，利益表达权。我国《工会法》和《中国工会章程》所倡导的工会起到桥梁纽带的作用，一般指的是作为会员利益代表者的工会应当促成会员与政府或企业之间的良好互动，特别是应积极主动地将会员的利益诉求传达至政府或企业的决策之中。据此可知，工会的利益表达权主要是一种对外的权利，指的是工会通过发挥法定联结者或中介性社会组织的作用，将会员的利益诉求规范有序地对外表达的权利。其三，治理参与权。工会是维权组织，相对于事中和事后维权的滞后性，应更为注重事前维权或源头维权，以争取从根本上维护会员利益。这就不可避免地会涉及对社会治理特别是政策法规制定的参与。从此意义上讲，工会代表权不仅体现为可对会员利益进行整合与表达，而且更体现在代表会员乃至广大劳动者对社会治理进行有效参与。

（二）工会代表权的双重属性

众所周知，权利与权力是两个内涵不同的概念。权利指的是公民、法人或其他社会组织所享有的做什么或不做什么的自由，一般与"利益"紧密相连："因为具有利益，所也就拥有了权利和资格；因为属于利益，所容易受到他人的觊觎，具有受剥夺或侵犯的危险；对利益的要求或主张必须是有资格的人进行；主张利益、权利和资格必须拥有力量或借助其他力量才能获得成功；权利、利益、资格、主张同时也是一种自由，既可以自由行使，也可以自由予以放弃。"① 权力则多是指国家机关行使职权的资格或行为，其一般与职责紧密相连，故有时又被称为"职权"。在很多时候，权利和权力并不能清晰地划分界限，这就使得某些行为兼具权利和权力双重属性。一方面，权力并不总是体现政治或司法上的强制，有时亦会体现为一定的社会影响力。从此意义上讲，国家机关以外的公民、法人或其他社会组织的行为在产生一定社会影响的时候，亦是一种权力。由此可见，判断某一主体的行为是否具有权力或权利属性的标准并非是其是否为国家机关。另一方面，权力依靠法律赋予的职责来支配他人，权利依靠对法律利益的追求与保障来支配他人，二者显然具有一致性。如果一定要区分二者谁为本源，则可说"权利属于本源，权力则派生于权利，是权利的组合和集中"②。

由以上分析可知，工会代表权兼具权利与权力双重属性：在内部关系上，工会对会员的代表乃是一种权力，要求会员要服从工会关于代表会员进行集体协商、民主管理或集体争议等行为的领导与安排。这种权力源自会员对自由结社权利的行使，而结社权必须由多数权利人集体行使方有意义及作用，且客观上会在工会内部产生指挥、管理和服从的权力，故结社权及由其衍生的工会代表权必将受到工会章程及相关法规的保障。在外部关系上，工会对会员的代表是一种以利益的争取与实现为核心要素的资格，故名之为"权利"。这一权利依法不受政府、组织和个人的不当干涉，故又带有一定的强制性权力色彩。换言之，"根据矛盾的逻辑原则，所有的权利都伴随着一种不言而喻的资格或权限，对实际上可能侵犯权利的任何人施加强制"③。据此理解，任何一种权利的实施其实都离不开与强制性权力的结合。随着时代的发展和社会文明的进

---

① 夏勇：《权利哲学的基本问题》，《法学研究》，2004年第3期，第3—26页。
② 周永坤：《法理学：全球视野（第三版）》，法律出版社，2010年版，第87页.
③ ［德］宸德：《法的形而上学原理——权利的科学》，沈叔平译，商务印书馆，1991年版，第42页。

步，权利意识已深入人心，故工会代表权的权利属性不难理解。但出于明晰对职业工会建构的法理溯源的目的，还应当对工会代表权的权力属性做进一步探讨。

具体而言，工会代表权的双重属性可细化为一个权利基础和三种权力获取途径。所谓权利基础，指的是团结权作为劳动者权利是工会代表权的基础，而工会代表权是团结权行使的表现。宪法上的结社权，体现在劳动法上即为"团结权"。团结权作为法理上的概念，学界有多种观点。如史尚宽先生认为，就法律性质而言，"团结权是一种特定的结社权，即劳动关系中的劳动者为维护或扩张其劳动关系中的利益而组织团体的社会法上的权利"①。黄越钦先生认为"团结权乃是结社自由之特殊类型"②。而日本学者认为团结权有广义和狭义之分，前者指的是"劳动者成立工会并通过工会进行集体谈判和集体行动等手段来维护自己利益的权利，一般包括组织工会权、集体谈判权和劳动争议权"③，后者则指的是"劳动者为实现维持和改善劳动条件之基本目的，而结成暂时的或永久的团体，并使其运作的权利，即劳动者组织工会并参加其活动的权利"④。综合这些观点可知，劳动者应是享有劳动法上的结社权或团结权的权利主体，而团结起来以更好地维护和争取劳动条件的改善或其他利益则是团结权实施的目的。从此意义上讲，新就业形态劳动者作为广义上的劳动者，其有权通过成立或加入职业工会成为团结权的权利主体，并有权通过职业工会的代表行为来维护和争取就业条件的改善及其他合理权益。只不过，这一切得依赖于对劳动法做适当修改，赋予新就业形态劳动者在集体劳动法上劳动者的身份。所谓三个权力获取途径，指的是工会对会员的代表权力一是来自法律法规的授权，即包括劳动者在内的公民通过立法机关以立法（如《宪法》或《工会法》）的形式赋予工会以代表会员的权力，并明确此种权力的范围与界限；二是来自法律法规或行政机关的委托；三是来自工会章程赋予工会代表权以自治性权力的性质。总之，工会代表权的权力属性，体现为法律法规或行政机关的授权或委托，或者工会章程的赋权性规定。而职业工会作为工会组织类型的一种，其建构过程亦是其代表权行使的过程，而其对灵活就业下会员的代表权亦来源于前述三个途径。在这三者中，最基本的当属法律法规授权。这一方面是因为新就业形态劳动者的分散性和弱组织性反倒使得法律法规授权更具效

---

① 史尚宽：《劳动法原论》，台湾正大印书馆，1978年版，第153页。
② 黄越钦：《劳动法论》，台湾政治大学，1994年版，第282—284页。
③ ［日］沼田稻次郎等著：《劳动法事典》，劳动旬报社，1979年版，第219页。
④ ［日］竹内沼夫等著：《新法律学辞典》，有斐阁，1989年版，第950页。

用；另一方面也是因为在我国现实的制度语境下，只有强化职业工会代表权的权力属性，才能更为顺畅地集中和整合新就业形态劳动者作为会员的各项权利，并对会员的行为加以引导或规制。

二、工会类型化理论的选择及应用

如果说结社权或团结权所衍生出的工会代表权是职业工会建构的法理根源，那么工会类型方面的理论则是职业工会建构的前提和最直接的理论基础。对其进行深入探讨，有助于明确职业工会与现有工会的区别以及后者运行中的得失，从而为职业工会在我国的建构提供更有意义的镜鉴。

（一）工会类型化理论简析

1. 类型化理论的重大意义。"类型化思维离不开对事物所具有的能够反映其本质的共同特征的判断，类型化理论认为同一类型的事物未必具有完全相同的特征，但是主要特征应该相同。"[1] 据此可知，工会组织因具有自愿性、非营利性、互益性等相同特征而属于同一类事物，但企业工会、行业工会、区域工会、产业工会、职业工会、总工会却是"工会"这一同类事物下的不同类型。换言之，前述各类工会组织尽管均具有"工会"的一般属性，但亦有各不相同的独特之处。由此来看，类型化理论的运用所做出的判断，对工会组织形式的划分乃至工会改革的深入开展具有重大意义。

2. 工会类型的判断依据。首先，尽管工会作为社会自治组织而在社会生活中具有相对独立的地位，但纵观各国的相关情况，无不将一定的法律规范或政府颁布实施的政策作为划分和建构工会类型的依据，而工会的价值实现与机制运转也必须以相应的法律或政策为基础。因此，法律规范和国家政策应是判断工会类型所需严格遵守的标准和依据。其次，由于任何组织和任何制度均是以一定的经济社会发展形势为基础，故作为商品经济产物的工会组织当然无法摆脱经济社会发展形势的制约或促进。换言之，工会的产生及发展均有赖于其所处的经济社会发展形势。从此意义上讲，我国工会发展特别是职业工会建构之所以滞后于成熟市场经济国家，正是因为我国商品经济和市场经济的发展程度相对落后。正因如此，笔者才主张在对工会变革特别是职业工会建构进行研究时，务必先对当前经济新形势下新就业形态的现状及特点有较为全面的把

---

[1] 盖威：《社团的类型化规范研究》，《吉林工商学院学报》，2012年第2期，第78-81+103。

握。最后，从本书进行研究的目的来看，对工会进行类型化划分是为了使职业工会这一工会组织类型能够在我国得以确立，并能真正服务于新就业形态劳动者群体。而在这一过程中，必会结合当前的经济社会发展形势和法律与政策规定，对现有工会类型进行对比分析，以最终在职业工会建构时提供充分的正反两方面经验。

（二）我国工会类型的确定与适用

从工会角度来看，经济社会的发展，促进了工会道路的形成，并为工会类型的选择奠定了基础。习近平总书记曾经指出，"中国特色社会主义工会发展道路是中国特色社会主义道路的重要组成部分，深刻反映了中国工会的性质和特点，符合我国国情和历史发展趋势"[①]。坚持中国特色的工会发展道路，客观上要求中国工会类型的设置既应当符合中国经济社会发展的实际情况，亦应当体现系统性以及具有广阔的适用范围，如此方能在我国经济社会各领域发展的现实基础上对各类工会组织进行具体的完善或改革。

进言之，我国工会类型设置应当体现两方面的要求：其一，经济社会发展阶段对工会的要求。这里之所以强调发展阶段，首先是将类型范围锁定在新中国成立以来的时间；在此基础上，再将我国工会类型划分为市场经济体制正式确立前后两个时期。需要指出的是，今天的中国虽然实行的是社会主义市场经济体制，但现行工会类型的建构基础却是来自计划经济时期。这就意味着，我国现行工会取得的巨大成就和存在的不足都深受前一段历史时期的影响，而这亦是我们进行工会改革和组织类型研究所必须注重的出发点。其二，从类型设置的形成基础与基本内容来看，由于中国特色社会主义工会发展道路是我国工会类型划分所必须遵循的理论框架，而选择适用不同工会类型属于"立足基本国情而开展的各项经济社会变革"[②]，故判断一种工会类型是否符合这一理论框架，就必须将该类型的形成依据与核心内容作为判断标准，且这一标准亦应具备实践性和政策性特质。

总之，我国工会类型应指的是一种组织范式，而此范式应当是自新中国成立以来，工会组织在参与社会治理的过程中，通过对会员权益和劳动力市场秩序的维护以及对自治与自律的实现而形成的。

[①] 《习近平同中华全国总工会新一届领导班子集体谈话》，新华网，http://www.xinhuanet.com//politics/2013-10/23/c_117844453.htm，2013-10-23。

[②] 辛向阳：《中国模式的内涵探析》，《理论探讨》，2010年第5期，第6-10+4页。

（三）工会类型的划分原则及在我国的体现

1. 工会类型的划分，主要依据的是不同的组织原则。例如，"产业原则"是按产业系统实行联合和组织的工会类型原则，德国、法国、美国、西班牙等国的工会联合组织都是按照以产业为主、产业和地方两个系统相结合的原则组织而成的。"行业原则"是按行业实行联合和组织的工会结构原则，其特点是以相同或相类似行业作为组建工会的依据或条件，以这一原则建立的工会称为行业工会，以德国、英国、澳大利亚工会为代表。"企业原则"是以企业为单位组建工会的结构原则，这类工会主要建立在一些大型企业集团中，以日本工会最具代表性。"职业原则"是在相同或极为相似的职业领域内建立工会的组织原则，多见于部分欧美发达国家（如英国职业球员工会、美国电工业工会等）以及我国台湾地区。"中央集权式"的工会组织结构是指一国的工会组织自上而下有着严密的组织系统，全国性总工会力量强大，各级工会高度团结和统一。这种组织结构保证了工会内部的权力集中，有利于推行严格的纪律，保障工会的强大力量。中国、北欧的瑞典和挪威工会就是这种组织结构的典型代表。

2. 我国工会的法定类型有待完善。根据我国《工会法》《中国工会章程》规定，我国的工会组织形式包含了机关企事业单位工会、行业工会、区域工会、产业工会以及各级总工会。这种类型的划分，主要是以会员人数和组建范围为标准。其中，"机关企事业单位工会"指的是以某一企业、事业或机关单位为组建范围的基层工会组织，在这类工会组织中，如果会员达到二十五人是应当建立基层工会，未达到二十五人的则是视需要或客观条件"可以"建立基层工会；"行业工会"指的是以同一行业内分属于不同企业工会的劳动者组成的工会联合会形式，通常表现为同一行业内不同企业工会的联合；"区域工会"指的是在企业职工较多的乡镇、城市街道、工业园区、经济开发区内，由从事同一行业或不同行业的劳动者组成的工会联合会形式，通常表现为同一区域内不同企业工会的联合；"产业工会"指的是同一行业或者性质相近的几个行业内劳动者建立的全国的或者地方的工会联合会形式，通常表现为同一行业或者性质相近的几个行业内不同企业工会的联合；"各级总工会"指的是县级以上地方和国家级的管理辖区内所有工会组织的工会总联合，它通常与一级政府相联系，隶属于同级党委领导，负责一定行政区域内所有的工会事务。

综合来看，我国工会的法定类型可归纳为三种：基层工会、工会联合会和各级总工会。从劳动法角度看，这三类工会可以涵盖全部具有劳动关系的劳动者，但对数量庞大的不具备劳动关系的新就业形态劳动者却有心无力，加之基层工会均受固定的机关企事业单位所限、工会联合会及各级总工会又是以基层工会为基础单位，故迫切需要职业工会的加入以丰富工会组织类型，并使规模日益壮大的新就业形态劳动者群体能够受益于工会话语权的灵活运用和集体力量的有力保障。

第二节　职业工会构建的现行法基础

一、多级规定：工会组织的规范现状

（一）宪法及法律基础

首先，在工会设置方面，我国《宪法》第 35 条规定："中华人民共和国公民有言论、出版、集会、结社、游行、示威的自由。"《工会法》第 3 条规定："在中国境内的企业、事业单位、机关中以工资收入为主要生活来源的体力劳动者和脑力劳动者，不分民族、种族、性别、职业、宗教信仰、教育程度，都有依法参加和组织工会的权利。任何组织和个人不得阻挠和限制。"《劳动法》第 7 条规定："劳动者有权依法参加和组织工会。工会代表和维护劳动者的合法权益，依法独立自主地开展活动。"其次，在工会类型方面，《工会法》第 10 条已对机关企事业单位工会、行业工会、区域工会、产业工会以及各级总工会等类型做了明确规定。最后，在工会职能方面，《劳动合同法》第 53 条规定："在县级以下区域内，建筑业、采矿业、餐饮服务业等行业可以由工会与企业方面代表订立行业性集体合同，或者订立区域性集体合同。"此外，我国《社会保险法》对新就业形态劳动者社保权益也进行了规定："无雇工的个体工商户、未在用人单位参加职工基本医疗保险的非全日制从业人员以及其他灵活就业人员可以参加职工基本医疗保险，由个人按照国家规定缴纳基本医疗保险费。"

（二）规章政策的补充

《中国工会章程》第 1 条规定："凡在中国境内的企业、事业单位、机关和其他社会组织中，以工资收入为主要生活来源或者与用人单位建立劳动关系的体力劳动者和脑力劳动者，不分民族、种族、性别、职业、宗教信仰、教育程

度，承认工会章程，都可以加入工会为会员。"尽管该规定仍然强调"工资收入"这一会员资格的构成要件，但在部分省制定的《工会法》实施办法中，对此已有变通的规定。如湖北省规定"凡在企业、事业单位、机关和其他单位以工资收入为主要生活来源的体力劳动者和脑力劳动者，均有依法参加和组织工会的权利。任何单位和个人不得以职工户籍、就业期限、就业形式等为理由阻挠和限制"。广东省规定"任何单位和个人不得以职工户籍、就业期限、就业形式为理由，也不得以变更或者解除劳动合同、降低工资、不缴纳社会保险费等手段阻挠、限制职工依法参加工会"。四川省规定"凡本省行政区域内的企业、事业单位、机关和其他组织中以工资收入或劳动收入为主要生活来源的劳动者，不分民族、种族、性别、职业、宗教信仰、受教育程度，都有依法参加和组织工会的权利"。由此来看，对工会会员资格所要求的生活来源限制已有所放宽，这就进一步降低了新就业形态劳动者的入会门槛。

在政策方面，不管是用工方还是新就业形态劳动者，二者作为理性的经济人均会有自主协商的意愿和空间，而随着新经济新业态的快速发展，新就业形态下的用工双方也出现了较为明显的"协商力量失衡"现象。但由于立法或修法耗时较长，故就需要相对快捷的政策手段发挥调控作用。毕竟"当失衡达到一定程度就需要政府和法律来引导和规制，促使劳资双方灵活性保持安全和公平"[1]。以网约车行业为例，尽管该行业是共享经济蓬勃发展的产物，并为居民的日常生活带来极大的便利，但同时也对相关的劳动力市场秩序带来了极大的冲击。对此，政府针对该行业的用工特点制定了一系列的政策，其中最引人瞩目的就是2016年《关于深化改革推进出租汽车行业健康发展的指导意见》和《网络预约出租汽车经营服务管理暂行办法》的相继出台。根据这些政策，网约车的车型及司机入门标准都有了相对规范的要求，特别是针对网约车行业的用工特殊性而不再要求网约车公司必须与司机签订劳动合同，而是要求"与驾驶员签订多种形式的劳动合同或协议"。由此可见，政府已充分注意到网约车行业与传统经济模式下出租车行业的明显不同，并因此对在该行业实行灵活用工持鼓励态度，这"一方面肯定了平台企业与网络用车司机的劳动关系存在，另一方面也鼓励这种灵活的就业方式成为正规经济和正规就业的有益补充，体现了国家鼓励创新、开放包容的发展理念和思路"[2]。

---

[1] 王全兴：《劳动力市场需要"活"起来》，《人力资源》，2016年第11期，第33—35页。
[2] 袁方：《网约车平台下私家车模式的劳动关系研究》，《法制与社会》，2018第27期，第249—250页。

另值得一提的是，我国职业体育领域已率先开始了针对职业运动员建立工会组织的尝试。2015年2月27日在中央全面深化改革领导小组第十次会议上审议通过的《中国足球改革发展总体方案》，要求从明确定位和职能，调整组织架构，优化领导机构、健全内部管理机制和协会管理体系等方面对中国足协进行改革，这就为建立与之相对应的职业足球球员工会奠定了基础。国家人社部等四部委联合发布的《关于加强和改进职业足球俱乐部劳动保障管理的意见》（人社部发〔2016〕69号）更是明确指出："各地要引导俱乐部依法建立工会组织，积极支持工会组织开展活动，发挥工会在组织动员球员与俱乐部共建和谐劳动关系方面的重要作用。要建立健全俱乐部与工会组织、足球协会与行业工会的协商对话机制，畅通球员等劳动者表达意见建议的渠道，依法开展集体协商签订集体合同，合理确定劳动报酬、保险福利、工作时间、休息休假、履行集体合同发生争议时的协商处理办法等涉及球员等劳动者切身利益的重大事项，引导球员等劳动者依法理性表达意见和诉求。"这些文件的颁布实施，为职业工会在职业体育领域的建立奠定了坚实的政策基础。

二、制度评析：现行法的梳理与反思

（一）工会的地位及职能得到法律充分肯定

从《工会法》和《中国工会章程》前述规定可知，工会组织在我国的政治、经济和社会生活中具有重要地位。具体而言，它在坚持一元化体制的基础上，组织和教育职工依照宪法和法律规定行使民主权利，通过对涉及职工利益的立法参与和政策决策参与等各种途径和形式参与国家事务、管理经济和文化事业、管理社会事务，协助政府开展工作，维护社会主义国家政权。在领导体制上，全国及各级地方总工会的主要负责人均接受中央及同级地方党委提名推荐和组织领导。这些规定明确显示，工会已经完全融入我国系统而庞杂的社会管理政制中，并已成为我国社会治理体系的重要组成部分。

此外，工会法定职能亦决定了该组织的重要地位。根据《中国工会章程》的规定，工会的基本职能分为"参与、维护、建设、教育"四项。为切实履行这四项基本职能，工会又会在实际工作中采取具体的措施手段，如通过起草及参与劳动立法来体现劳动法治，通过建立并完善企业民主管理制度实现劳动者参与，通过法律援助或三方机制维护劳动者权益以实现社会公正，通过医疗互助来开展公共服务，通过加强和谐劳动关系建设来实现社会稳定等。而这些手段措施又正是我国治理评估框架的主要指标。① 因此，工会在履行其基本职能的同时，事实上也无异于用自己的渠道和方式参与到社会治理中。而这一特点所带来的优势，显然是企业、行业协会等其他社会组织所不能比拟的。

（二）职业工会会员资格及类型设置具有一定制度基础

首先，无论是传统劳动者还是新就业形态劳动者，均有组织或加入包括职业工会在内的合法组织的权利，这一点我国《宪法》也有相关的规定，因此，职业工会的建构在根本大法上是合法的，不存在违宪的可能。其次，尽管《工会法》要求工会会员应是"以工资收入为主要生活来源"的劳动者，但已有地区（如四川省）在其《〈工会法〉实施办法》中对此做了补充性规定，将会员明确为"以工资收入或劳动收入为主要生活来源的劳动者"，这就意味着不以工资而是以其他形式的劳动收入为主要生活来源的劳动者亦可成为职业工会会员。再次，无论是《工会法》还是各地区的《〈工会法〉实施办法》，均明确要求劳动者成为工会会员不受职业形式的限制。这就意味着，无论是因供给侧结构性改革深入开展而下岗失业的原国企职工，还是共享经济下的网约工，又或者是因人工智能快速发展而实现远程劳动或在家办公的自营者或自雇者，只要在提供劳动并获得劳动收入，则均有权成立或加入职业工会组织。最后，《工会法》第 11 条明确规定了产业工会及行业工会的组织形式，《劳动合同法》第 53 条更是明确了行业工会的层级设置（县级及以下）及主要职责（开展集体协商、签订集体合同）。考虑到行业工会和职业工会均具有职业特性相同或相似的特点，且我国工会实务届在具体的工作中也有意无意地将二者等同，故可认为我国未来职业工会的建构已经拥有了一定程度的法律规定基础。综上，不难看出职业工会在我国的建构并非只是对域外经验的简单移植，而是有着一定的法制基础。

（三）工会联合会制度有待完善凸显职业工会的重要性

我国法律设置了行业工会、区域工会、产业工会等工会联合会制度，以期解决企业工会实力不足、服务劳动者能力不够等问题，并取得了显著成效。然而，在新就业形态飞速发展、新就业形态劳动者迅速壮大的今天，工会联合会制度也逐渐显现出一些不足之处。这在客观上使得现有工会联合会难以针对新就业形态劳动者发挥作用，从而从反面凸显了职业工会的重要性及其建构的必

---

① 俞可平：《中国治理评估框架》，《经济社会体制比较》，2008 年第 6 期，第 1—9 页。

要性。

1. 工会联合会的内部职能方面。工会联合会发挥作用的前提和基础，在于其内部自我规范的实现程度。在法律层面，其"内部自我规范"主要指的是自主决定其内部的"治理结构"和"自律机制"两个方面。前者，要求工会联合会自主规范出科学合理的组织结构框架；后者，主要是要求各类工会联合会能够自主地制定与执行自律性规范。但在实践中，这两者的要求尚未得到满足。例如，相对于较为成熟的单一企事业单位工会，我国各类工会联合会的决策体系尚未完善，亦未通过"专家治理"而在其执行体系中体现高度的专业性，也未有一个与管理相分离的监督体系以保证对会员的服务质量和水平，同时也没有完整的基于法律赋予的业内规章制定参与权、业内劳动标准制定权、会员惩戒权以及会员遭受不当惩戒后的救济权；再如，"自律性"要求既要考虑到工会联合会作为独立法人所当然具备的因素，也要考虑到工会联合会在经济社会发展中的维权职能和桥梁纽带作用，但目前大部分的行业或区域性工会联合会并未建立一整套具有较强针对性的自律规范体系，对工会与会员之间、会员彼此之间的纠纷调处能力与功能缺乏。《工会法》也只是强调了对工会负责人的监督，对民事、行政和刑事责任的承担只是笼统规定，而并未对责任承担标准及方式进行细化，故可认为其更多的是一种宣示性的管理规范而难以形成完善的惩戒机制，其对工会联合会行为的约束显然是有限的。总之，由于内部自治并无有效落实，这就使得现有的工会联合会只能发挥一些服务功能，而与工会四项职能全面落实的要求尚有差距。

2. 工会联合会的外部职能方面。根据我国《宪法》和《工会法》的规定，工会组织具有参与经济社会治理的权利。事实上，工会的此项权利不仅来自法律的授权，同时也是市场经济规范有序发展的客观要求，并已成为世界范围内工会组织的普遍特点，符合我国工会改革的大方向。然而，由于我国市场经济体制建立时间较短，而经济社会发展形势的变化速度与规模又超出立法者的预期，故无论是在立法上还是在实践中，工会的外部参与治理职能并未完全落实，工会联合会尤为如此。详言之，由于在市场经济条件下，政府的任何行为或政策都有影响劳动者利益和劳动关系的可能，而单一的企事业工会组织又通常势单力薄，故需要各类工会联合会能在政府做出行为或制定政策之前表达观点和诉求。如此，将不但有利于为政府决策提供准确无误的劳动关系背景，而且也有利于政府的决策得到积极的回应和有效的实施。然而，在具体实践中，除了地方总工会可以通过人大、政协的平台参与立法或政策制定外，熟悉本行业本区域或本职业领域的工会联合会难以直接将有价值的信息反映至立法者。

对此，尽管《工会法》所规定的三方机制或政工联席会议等制度或可帮助工会来实现自身的参与职能，但在现实中有条件依据该条款进行参与的工会组织局限于地方或全国总工会，行业或区域工会联合会只能通过将信息提供给地方总工会而由后者在加工整理后以"代言"的方式，实现间接参与。如此，不但信息的完整性和真实性难免受到影响，而且在发生突发情况时也难以及时地做出有针对性的回应。总之，工会联合会的参与职能虽有明确的法律依据，甚至有为数不少的文件政策予以规定，但在现实操作中落实得并不理想。

3. 工会联合会所承接的管理模式方面。首先，工会联合会的条块交叉管理模式有待改革。根据《工会法》的规定，我国境内的工会组织实行一元化原则下的条块交叉管理模式。而这种模式有时会产生"职责不清"的现象。例如，出租车行业工会联合会就有三个"婆家"：作为地方总工会的市县总工会、作为产业工会的市县交通工会、作为行政主管部门的市县出租汽车管理部门。三者中，前两者均属上级业务指导部门，而后者又是事实上决定出租车行业工会的人财物等资源配置的实权部门，这种多元管理下的职责范围时有交叉和重合。这样的模式，并非来自法律明确规定，而是出自所谓"各地的实际需要"。这在实践中容易造成管理对象工作思路和步骤的混乱。其次，工会联合会的行政化管理模式有待改进。以行业工会为例，尽管《工会法》已经对包括行业工会在内的工会管理模式做了规定，但由于我国行业分类的标准仍在采用统计部门多年前制定的国民经济分类标准，这就使得不断涌现的新兴企业、经济体或自雇者无法成立或加入相应的行业组织，从而出现了大量无法发挥工会作用的真空地带；加之现有的行业工会实际上是依据政府的行业管理规范而成立的，作用发挥也局限在本部门或本系统内，覆盖面过窄和条块分割特征使得行业工会自始缺乏有效竞争，当然也就无法保证会员对行业工会的认同，凝聚力也就无从谈起。因此，在当前的经济社会发展形势下，行政色彩浓厚的行业工会管理体制虽有利于政府开展相应的管理工作，但政企不分和职能空白地带增多所造成的现实问题也亟须解决。最后，工会联合会本身的职能未能有效落实。这既表现为大量工会联合会仅以签订集体合同或开展业务培训为主要业务，而未能承接政府改革中正常下放的其他职能；也表现为前述工会联合体的部分职能与政府职能重合而导致政工不分或规定不明。尽管，当前政府在推动经济发展中的重要作用仍不容忽视，但从法律的高度明确各类工会联合会的职能还是十分必要的。

综上，《宪法》、法律、部分地方性法规以及政策已经直接或间接地为职业工会在我国的建构奠定了一定的基础。这一基础既包括对职业工会建构正面的鼓励，也包括对建构过程中务须注意问题的提醒。事实上，无论是从工会类型完善的宏观角度思考，还是从职业工会建构的微观角度来看，现行法所反映出来的亟待完善之处才是最具价值的。这些问题如不能得到有效解决，则包括职业工会在内的各类工会组织大到自我规范权、财产权、法律地位以及与政府的关系，小至其建立、扩展以及其治理结构、权利义务、监管服务、法律责任等，都将延续没有制度提供有效保障的状态，工会的改革也将成为空谈。此外，根据法社会学的观点，法律可以通过调整或者激励利益来发挥作用。① 这就意味着，职业工会在建构的过程中必须注意要通过法律的保障与利益调整来激发会员的归属感和凝聚力，否则将不但削弱职业工会对灵活就业者的吸引力，而且工会自身的法律意识和行为、功能职责及其与政府的关系也都将受到影响。

第三节 职业工会建构的实践考察及其启示

一、职业工会建构的国内现实例证

（一）货车司机等八类职业群体加入工会的实践

最大限度地把劳动者组织到工会中来，一直是我国工会工作的重中之重。中华全国总工会（简称全总）已进行了一系列的努力：一方面，制定下发一系列文件政策，要求将包括共享经济从业人员在内的新就业形态劳动者组织起来、集体维权。另一方面，争取在理论上有所突破，如在《第八次中国职工状况调查》报告中，全总对"职工"概念的界定有两个明显变化：一是将是否与用人单位建立了劳动关系（包括人事关系）或存在事实劳动关系放在了首位；二是将"以工资收入为主要生活来源"的属性修改为"由单位支付劳动报酬"，这一属性的修改，扩大了职工的外延，以更好地适应新时代社会经济发展的需要。②

在这一思想指引下，全总又于2018年3月制定下发了《推进货车司机等群体入会工作方案》，决定在全国范围内开展以货车司机为主的八类职业群体

---

① 丰霏：《法律治理中的激励模式》，《法制与社会发展》，2012年第18期，第152—160页。
② 燕晓飞：《改革开放以来职工队伍的结构性变化》，《工人日报》2018年11月13日第7版。

集中入会行动。此次行动的背景是"全国现有货运司机 1898.2 万名,占全国 2100 万货运从业人员的 90.4%,其中 76% 为农民工,物流货运行业已成为农民工创业择业的主阵地"①。据了解,全总为了使此项工作顺利进行,已于当年的 3 月中旬到 8 月中旬,在广东、浙江、安徽、广西、河北以及南京、宝山(上海)、郑州、贵阳、西安等省、自治区和市开展了货车司机入会集中行动试点工作。但需要强调的是,此次行动虽以货车司机为主要工作对象,但涵盖范围却包括"货车司机、快递员、护工护理员、家政服务员、商场信息员、网约送餐员、房产中介员、保安员"②八类职业群体。例如,"上海市已成立全国首家网约送餐行业工会,沈阳市快递行业工会联合会也已正式成立"③。

从各地总工会的落实情况来看,入会的"重点领域"和"主要措施"大同小异。在入会的重点领域方面,各地总工会主要从四个方面探索推进:一是推动重点企业普遍建会,积极开展宣传发动、技能培训、维权服务等活动,在增强重点企业工会的影响力和凝聚力的同时,带动其他货运企业建会和货车司机入会;二是加强与道路运输、物流等行业的沟通协作,推动建立道路货运行业工会,对不具备单独建会条件的货运小微企业和零散就业人员,通过工会联合会等形式,逐步将工会覆盖面扩大到中小微货运企业和货车司机;三是进一步加大对挂靠式运营企业的指导和服务力度,督促其将挂靠经营的货运司机视同本企业职工,并积极吸纳货车司机在挂靠企业入会;四是依托街道、乡镇、社区和村工会等基层区域性工会组织,通过劳动者网上申请、网下办理入会等方式,推行"互联网+"工会普惠性服务,组织灵活就业的货车司机入会。在入会的主要措施方面,各地总工会一是选择少数规模较大且未建会的货运企业作为试点单位开展工作,并及时总结经验教训,尽快全面铺开;二是加强与党政部门、行业协会、工业园区和龙头企业沟通联系,特别是与交通运输部门加强联系,共同推动建会;三是根据"八类群体"职业性质和有关单位工会职能分工,明确各类职业群体的入会分别交由相应的交通、卫生、房地产管理、邮政管理、商务、公安等部门的工会以及餐饮协会负责;四是通过开展劳动竞赛和职业技能培训,提升货车司机的服务意识、安全意识和技能水平;五是通过送

---

① 《中华全国总工会 2018 年第二季度新闻发布会》,中国工会新闻网,http://acftu.people.com.cn/n1/2018/0410/c392912-29917346.html,2018-04-10。
② 《中华全国总工会 2018 年第二季度新闻发布会》,中国工会新闻网,http://acftu.people.com.cn/n1/2018/0410/c392912-29917346.html,2018-04-10。
③ 《中华全国总工会 2018 年第二季度新闻发布会》,中国工会新闻网,http://acftu.people.com.cn/n1/2018/0410/c392912-29917346.html,2018-04-10。

"温暖"、送"清凉"、送助学、扶危救困、大病救助和无偿法律服务、法律法规宣传等方式,加强对"八类群体"的帮扶服务,提升工会的吸引力。①

(二) 多地典型案例考察

当前,由于职业工会尚未正式列为我国工会法上的工会类型,而行业工会又与职业工会特征最为近似,故当前多以行业工会将具有同一职业特征的新就业形态劳动者纳入工会组织之中。因此,工会实务届在此方面的探索,在客观上也为未来职业工会的建构积累了实践经验。

1. 海南酒餐行业工会的尝试。2016 年 3 月 1 日,海南省政府印发了《关于调整最低工资标准的通知》,决定从 2016 年 5 月 1 日起,将现行最低工资标准提高 160 元。海南省酒店与餐饮业的工会联合会根据该省酒店餐饮业用工情况,与资方开展了新一轮的工资集体协商,按照不同地区的经济发展水平,约定了本省从事酒店与餐饮职业职工的整体最低工资标准,即在 2016 年省政府制定的最低工资标准的基础上,分别提升 15% 至 20%,并签订了当年度的工资专项集体合同。需要强调的是,这是自 2011 年以来,该工会积极推动的第 6 次工资集体协商活动。那么在近年来旅游服务业整体不景气的背景下,该工会的成立及系列大规模的动作有没有导致海南酒店餐饮业的经济形势进一步下滑呢?据海南省商务厅李龙生副厅长介绍,2015 年国内餐饮业整体下滑,但是海南全省住宿营业额达 194.34 亿元,比 2014 年增长 12.4%;全省餐饮业营业额 222.32 亿元,比 2014 年增长 17.9%,两项加起来对海南全省 GDP 贡献了 11%,对海南就业和消费做出了重要的贡献。同时,"由于工资待遇上来了,员工跳槽率会降低,有助于化解企业用工荒的难题"②。当然,从事酒店餐饮职业的劳动者并不代表所有的职业群体。但这至少可以证明在某些职业领域,劳动者在法定范围内以法定方式行使团结权和集体谈判权,不但不会"进一步加剧经济下行趋势",反而间接推动了其职业领域内的技术进步、管理创新、服务提升和劳资和谐。这对其他职业群体显然也是很有借鉴意义的。

2.2017 年 8 月 4 日,上海市首个区级家政行业工会——长宁区家庭服务协会行业工会联合会成立。该行业工会由爱君家政等十五家家政公司组成,会员共计千余名。该行业工会呈现出三大亮点:第一,组织程度完善。一方面,

---

① 参见安徽省、广东省、福建省、江苏省、浙江省及宁波、福州、长沙、西安等地方总工会《关于推进全省(市)货车司机等群体入会工作方案》及相关的文件。

② 《去年海南省酒店与餐饮业实现年营业额 557.90 亿元 比上年增长 16.2%》,海口网,http://www.hkwb.net/news/content/2018-04/26/content_3511230.htm,2018-04-26。

组织架构齐全，该行业工会由上海市长宁区总工会负责组建和领导，形成了"区总工会——区家政行业工会——家政公司工会"三级组织架构；另一方面，人员配置齐备，该行业工会的主席由区总工会的相关负责同志担任，行业工会副主席分别由区家协、区家政龙头企业工会负责人担任，并设立了办公室及配备了专业工作人员。此外，实现了经费补贴倾斜，行业工会推行工会经费收缴使用新机制，按1∶1∶1.5的比例筹措会员服务资金，区总工会每年为家政行业工会提供一定的工作经费，以项目化方式纳入区总的年度工作预算，给予项目经费，市区财政也会提供一些补贴。第二，多种形式保障家政行业员工的合法劳动权。一方面，通过法律咨询、代写法律文书、代理仲裁或诉讼等方式，对合法劳动经济权益诉求提供"零门槛"援助服务；另一方面，协调区总工会加大对家政行业工会职工实事项目的财力政策倾斜和扶持补助的力度，特别是发挥"上带下"方式助推家政行业工会"平等协商和职代会"制度建设，确保职工合法权益得到充分维护。此外，还依托"互联网+"提供了工会普惠服务，如通过申工社App和长宁工会微信公众号提供体检和疗休养等项目，并为家政行业员工办理了工会会员服务卡，实施了会员专项保障计划。第三，提供了家政员自我提升的渠道。一方面，通过技能培训、职业教育、职业技能大赛、技术比武等方式提高家政行业员工的技能水平和综合素质，特别是利用工会组织所特有的地方教育附加资金，晋升高级工、技师，高师带徒，发明专利奖等专项激励机制，有针对性地向行业工会倾斜；另一方面，加大对家政行业员工业余文化生活的关怀力度，增设了"公益乐学"企业版课程，在区工人文化宫开设公益电影专场，借助"职工书屋"平台为家政员工赠送书籍。①

3. 网约送餐员的入会实践。据报道，上海市普陀区总工会自2017年2月份起便积极探索网约送餐员这一新型从业人员建会及入会新模式，并经近一年筹备成立了全国首家网约送餐行业工会——上海市普陀区网约送餐行业工会联合会。"目前，上海普陀区已成立网约送餐员联合工会5家，共吸纳400余名网约送餐员加入工会。今后，上海市普陀区总工会将以订餐平台总部建会为突破口，向第三方配送公司推进，再将工会建到各送餐站点。"② 石家庄市继2018年7月份成立河北保龙仓家乐福促销员工会联合会后，又于2018年10月30日成立了全国首家市级网约送餐员行业工会联合会。该行业工会涉及美

---

① 《上海市首个区级家政行业工会在长宁成立！已有千余名家政员加入！》，搜狐网，http://www.sohu.com/a/162653369_818113，2017-08-11。

② 《上海成立全国首家网约送餐行业工会》，大洋网，http://news.dayoo.com/society/201801/04/140000_52025744.htm，2018-01-04。

团和饿了么两大送餐品牌,涵盖送餐企业 4 家,入会会员 2580 名,其中,农民工约 2260 人,占到 89%。该行业工会还制定了《石家庄市网约送餐员行业工会联合会章程》,明确规定"网约送餐员行业工会成立后,将紧密围绕企业工作,动员和组织广大送餐员开展具有行业特色的岗位练兵、技能比武和技术培训、技术交流,发现和培养一批技术标兵和专业人才,同时,享受来自上级工会的法律援助、普惠互助等服务,维护职工权益,促进企业劳动关系和谐稳定"①。

综上可见,工会实务届已经充分地认识到新就业形态劳动者对于促进经济社会整体的稳定和发展所具有的意义,并已采取或即将采取诸多的手段措施将此意义转化为现实。事实上,行业工会作为由来已久的工会组织类型,早已得到工会实务届的重视。如早在 2008 年,全总即已颁布实施《关于加强和改进新形势下产业工会工作的意见》,明确要求探索建立县级以下行业工会联合会;"2018 年 4 月 9 日,在互联网用百度搜索'行业工会联合会',可以获得 39 万个相关结果,百度搜索'行业工会',可以获得 562 万个相关结果。自 2008 年我国的一些城市陆续组建行业工会到如今,全国已经建成的行业工会估计早已超过万家。"② 而由于行业工会与职业工会在机构设置与运行机制方面有诸多相近之处,故行业工会的组织及运行方面的成熟范例亦可为未来我国职业工会的建构提供丰富的经验借鉴。

(三)介绍我国台湾地区相关实践

职业工会在我国台湾地区得到了长足的发展。仅就数量来看,1993 年台湾的企业工会是 1271 个,会员人数 651086 人;2000 年的企业工会是 1128 个,会员人数 588832 人;2014 年的企业工会是 897 个,会员人数 554015 人。与之形成明显对比的是,同一时期台湾职业工会的数量分别为 2333 家、2613 家和 4083 家,会员人数分别为 2521030 人、2279498 人和 2723661 人。③ 由此可见,台湾企业工会无论个数还是会员人数均呈一路下滑之势;而职业工会和会员人数呈稳中有增的趋势。

---

① 钱培坚:《全国首家市级网约送餐员行业工会成立》,中工网,http://acftu.workeren.cn/32/201801/04/18010407/20/790.shtml,2018-01-04。

② 《推进行业工会组建,应是工会改革的一个重要突破口》,中工网,http://acftu.workercn.cn/41/201808/14/180814152240799.shtml,2018-08-14。

③ 《台湾职业工会现况和未来发展》,百度网,https://wenku.baidu.com/view/d08ed8f1bdeb19e8b8f67c1cfad6195f312be881.html,2018-09-09。

我国台湾地区的职业工会以劳工保险为主要会务，甚至是唯一的业务。当时民众为获得医疗保险的照顾，唯一途径就是加入职业工会，以便取得劳工保险的被保险人资格。这在现代世界工会的发展趋势中是一个特殊的例子。近年来，有学者对职业工会的这一主要职能提出质疑，认为其背离了工会组织的宗旨。但同时也有学者从"大社会、小政府"的理念出发，提出如果职业工会不办理相关的保险业务，那么其"劳工保险局""健保局"事实上难以在此类民众中开展劳健保业务，否则，两个部门将增设一定的办事机构以及相应的人力，这显然与小而精的政府发展趋势是不相符合的。况且，如果失去经办保险的业务，职业工会恐将逐渐沦落为"联谊性组织"。受此启示，我国未来在构建职业工会时，一方面可参照我国台湾地区经验，将劳保或其他事关灵活就业人员及新就业形态劳动者切身利益的事项纳入职业工会的职能范围，以提升职业工会对这部分人群的吸引力；另一方面，要立足于新经济形势下劳资界限日益模糊的客观现实，将职业范围内劳动条件的整体提高、职业技能培训等纳入集体协商的内容，并探索在无协商对手的情况下达成集体协议的新途径。

在层级架构方面，我国台湾地区的工会组织大体分为基层工会和工会联合会两级。基层工会以自然人为会员，包括职业工会、企业工会和产业工会；工会联合会以基层工会为会员，包括各级分业工会联合会和各级总工会。[①] 其中，工会联合会还可分为全省性和区域性两级，由发起单位自行定义。在基层工会中，职业工会指的是由同一职业工人所组成的工会团体，企业工会指的是企业内部受雇劳工所组成的工会，产业工会指的是同一产业跨企业员工所组成的工会；如有必要，同一行业的劳工还可组成更大规模的行业工会。总之，我国台湾地区的基层工会组织呈现职业工会规模最小、产业工会规模居中、行业工会规模最大的特点。此外，我国台湾地区的工会联合会大体分为各级总工会和各业联合会两种。其中，各级总工会属于横向联合的综合性工会，其下级包括职业工会、企业工会和产业工会等各类基层工会；各业联合会属于纵向联合的综合性工会，其会员工会具有同质性，如全台木工工会。受此启发，我国未来对职业工会层级的设置亦可遵循精简的原则，可规定职业工会只能设置在地级市及以下的行政区域、一个职业领域只能有一个职业工会、职业工会必须坚持同级地方总工会的领导和上级职业工会的业务指导，等等。

在运行机制方面，依照我国台湾地区的相关规定，职业工会设有三大机构

[①] 《台湾职业工会现况和未来发展》，百度网，https://wenku.baidu.com/view/d08ed8f1bdeb19e8b8f67c1cfad6195f312be881.html，2018-09-09。

来保障正常运行：一为最高权力机构，即会员（代表）大会；二为执行机构，即理事会；三为监督机构，即监事会。这三大机构各有职责，互相制约又相辅相成。在具体的运行过程中，职业工会又主要依赖于五项机制：一是完整、规范的职业工会章程及落实机制，二是关于前述三大机构的人数、任期、选举、解任、停权、复权、要件及处理程序的规定及操作机制，三是关于会员权利义务的内容、停权、复权、除名、出会要件及处理程序的规定及操作机制，四是关于会议召集程序、议事规范等会务运作机制，五是关于会务人员的执掌、聘任、解任及劳动条件的规定与操作机制。由此来看，我国台湾地区的职业工会的运行机制与大陆法系的公司制度较为相似。对此，我国未来在建构职业工会的过程中，需要借鉴其规模小而精（如在会员代表大会的领导下，只设置人数较少的执行委员会和监督委员会而不再设立专门的业务部门）、领导者选举强调直选以及监督制约机制较为完善的经验。

二、职业工会建构的国外经验考察

从我国当前的法律规定及现实实践来看，未来职业工会在我国的建构，需要重点解决的问题大致可分为两个方面：一是职业工会会员资格的判定问题，二是职业工会的组织架构、功能设置、运行机制设置问题。对此，可借鉴成熟市场经济国家的相关法律规定了实践经验。

长久以来，工会理论界与实务界大都认为，只有劳动者才有资格成为工会会员。故劳动者身份的界定，是其加入工会的前提。这一问题其实并非为我国所独有。事实上，市场经济国家都将随着经济形态的发展变化和用工形式的日益复杂化，而不得不考虑如何对新型职业群体进行劳动法上的身份认定，进而对工会会员的构成亦会考虑突破现行法制限制以适应新的形势。这方面，日本法的相关规定值得关注。该国主张对于新型就业群体以及脱离原有企业的失业人员，亦应赋予其集体劳动法上劳动者的身份而享有加入工会的权利，而不应再恪守职业种类或收入名称是否符合个体劳动法的规定。

首先，在法律上，日本的《劳动组合法》（相当于我国《工会法》）第3条规定："本法所谓劳工，谓不问职业之种类，藉工资、薪金等其他准于此之收入而生活者；"而其《劳动基准法》第9条规定："本法所谓劳工，谓不问职业之种类，受事业或事业单位（以下称事业）所使用，而受领工资者。"由此可见，在日本法上，"劳动者"一词于其《劳动组合法》（集体劳动法范畴）和《劳动基准法》（个体劳动法范畴）上的定义是不同的。其次，在法院的适用上，日本最高法院对该国《劳动组合法》上劳动者的认定标准主要分为三个方面。其一为基本要件。其中又分为三点：一是该劳务提供者是否被纳入事业组织并通过集体协商规范其劳动力的使用及相关问题；二是该劳务提供者是否可通过集体协商法制，来保障其与处于优势地位的用工方进行交涉的有效性；三是该劳务提供者是否可获得由《劳动组合法》第3条所规定的劳务对价（包括工资、薪金及其他准于此之收入）。其二为补充要件。其中又分为两点：一是须有接受业务请托的关系，即如果劳务提供者难以选择契约相对人或拒绝提供劳务，那么就可在当事人之间推定劳务提供者在事实上已将劳动力处分权让渡于相对人；二是劳务提供者在提供劳务时受到了广义上的指挥、监督或时空约束，而这里所谓"广义"是就《劳动组合法》这一集体劳动法而言，而并不受该国《劳动基准法》等个体劳动法的限制。其三为消极要件。这主要指的是对于那些经常以自己的才智来获利或者主要是风险自负的人员，因其在劳动力市场上处于优势地位，经常不隶属于固定的事业组织并可就契约内容进行交涉，且其报酬通常较高而不具劳务对价性，故集体协商对其无甚必要，也就不必非要被认定为"劳动者"以享受工会组织保护。最后，在司法实务上，在著名的CBC管弦乐团工会事件（该事件是日本司法实务上唯一一件与《劳动组合法》第3条直接相关的案件）中，日本最高法院一直在回避使用"从属性"一词，据此可以看出，最高法院亦认为"劳动者"在《劳动组合法》和《劳动基准法》上是不同的。

　　日本关于"劳动者"的定义在其《劳动组合法》和《劳动基准法》中明显的区别，源自两部法律的立法目的不同。前者主要是为了保障集体劳动权的行使，以保证劳资双方的力量在就劳动条件交涉时不致太过失衡；后者则是为了规范劳动条件的最低基准。两者虽都是由厚生省劳政局下的劳务法制审议委员会起草的，但彼此的立法目的与内容却各有侧重，特别是在"劳动者"定义方面，二者并无混同。①详言之，日本的《劳动基准法》对"劳动者"的定义更加注重从劳动从属性的角度进行界定，如该国劳动基准法研究会在《关于劳动基准法之"劳工"的判断基准》的报告书中，就表示《劳动基准法》所适用的对象是为了领取工资而提供劳动力的人，且这种劳务的提供应是受指挥监督下的劳动。因此，《劳动基准法》关于"劳动者"的基本判断标准有二：一是是否接受用工方的指挥监督，二是劳务提供者领取的工资是否具有对价性。相比之下，日本的《劳动组合法》对"劳动者"的定义所引起的讨论主要集中在两个方面：一是"劳动者"在该法上与《劳动基准法》上的区别究竟为何，具体

---

① ［日］菅野和夫：《劳动法》，东京弘文堂出版社，2008年版，第68页。

包括"劳动者"一词在劳动法领域内是否有同一概念及其概念范围是否有相对性;二是应受到《劳动组合法》保护的劳务提供者的范围究竟为何,这涉及《劳动组合法》乃至《集体劳动关系法》的立法目的。

除日本之外,亦有部分发达国家的工会经验值得研究。以工会对学徒制的参与为例,德国双元制的职业教育模式要求奉行"产教融合"的原则,并规定了职业教育的具体标准规范等应由教育部门与企业、行业、工会等共同商定,共同组织实施,而各方的职责、权利义务以及履职方式亦经该法明确规定。此外德国工会还直接举办各种职业教育培训,如德国工会联合会在全国建立有多所工人教育学院,在各城镇设置有地区职业教育与培训中心,并开办了不以营利为目的的职业进修公司,采取定期或不定期的周末制或夜间制形式实施职业教育与培训。其二,美国职业工会在涉及学徒培养的制度中,比较有代表性的是"青年学徒制"和"协议学徒制"。其中前者主张有利益相关者参与到制度管理之中,这其中就包括职业工会、产业工会和雇主联盟等社会公共机构这样的美国职业教育系统的特有元素。其三,关于英国工会的学徒制度。英国学徒制发展至今已有数百年,历史上该国公民公民权的取得途径包括结业学徒、世袭与赎买。而英国包括职业工会在内的各类工会一直影响着学徒制的发展进程。时至今日,英国由工会倡导的、建立在企业行政方、工会和劳动者互动合作基础上的学徒制度,的确为企业提供了大量较高质量的劳动力资源,并使劳动者拥有了具备一定质量的培训和就业机会,从而成为在目前经济条件下对抗经济压力的有效手段。①

三、国内外经验对我国职业工会建构的启示

(一)劳动法的"个体"与"集体"各司其职

随着经济社会的发展和用工形式的多样化,数量急剧增多的劳务提供者逐渐呈现出两个特征:一是对多数劳务提供者并不强调技术的稀缺性,这就意味着在当前就业不充分的形势下,他们在劳动力市场上的议价能力处于较低水平;二是多数的工作岗位具有较高的可替代性,因此他们在工作现场的议价能力也很弱。这两种特征,凸显出迫切需要建立工会组织并通过集体协商的制度平台,以团体意志的形式将劳动者的个人意志表现出来,对他们的集体性、趋

---

① 徐国庆:《英德职业教育体系差异的政策分析及启示》,《教育科学》,2006年第3期,第70—73页。

同性的利益加以保护。① 令人欣慰的是，近年来我国集体劳动法制建设取得了长足的发展，其在我国劳动法体系中的地位正在不断得到提升，并在事实上已经表明自身拥有不同于个体劳动法的调整对象和范围，这就为大量新就业形态劳动者加入工会以及职业工会的建立奠定了坚实的基础。接下来，立法机关就应首先对《工会法》第3条和《中国工会章程》第1条等涉及工会会员资格的条款予以修正，以使新型灵活就业群体在个体劳动法上无法谋求的权益（如报酬福利待遇、工伤保险、医疗补助、赔偿责任的救济性补贴等），可以通过职业工会在集体劳动法上得到保障。

（二）工会传统体制及职能的简化升级

从前述存在于工会联合会的各类问题来看，其组织架构特别是管理模式设置的滞后，在很大程度上制约着其具体职能的发挥。而从现行法律规定来看，《工会法》虽然明确了工会联合会包括了联合工会、行业工会、区域工会和产业工会等几种类型，但对其具体的管理模式并未做详细规定。因此，职业工会得以有效运转，关键在于对其管理模式的改革。其一，改革政工不分的管理体制。一方面，敦促所谓行政主管部门从管理的微观领域中退出，而明确地方总工会的指导职责，以减少行政化，增强其专业性；另一方面，督促地方总工会尽量减少干预下属职业工会的具体活动，而把工作重心放在制定宏观规范、监督规范落实和解决下属职业工会的实际困难上。其二，减少对职业工会正常活动的审批，实施备案登记制度。这里所谓"备案登记"，并非仅针对职业工会的成立，而更多的是针对职业工会的行为。判断一个组织合法与否，主要是从其行为进行判断，而职业工会的行为应主要集中在开展集体协商和提供服务两个方面。对此，可创设备案制度，从法律上提供给职业工会发挥其规范和引导作用的机会，从而既减轻政府面对劳资关系紧张时的压力，也逐步提升工会活动人士和各类就业者的法律意识和民主素养。

（三）工会传统职能的内容更新

其一，创新集体协商的形势与内容，以有效维护新型集体劳动关系。如职业工会应针对新型就业群体的高度灵活性与分散性特征，就特定职业领域内的事项开展集体协商，以确保此类新就业形态劳动者的合理权益能够得到及时维

---

① 洪芳：《论劳动者的团结权与工会体制改革》，《山东工会论坛》，2014年第20期，第21－25＋30页。

护，并遏制新型集体争议事件的发生。其二，通过建立职业领域内的劳动标准规范个别劳动基准。如职业工会可以在广泛调研的基础上，结合该职业领域的特点和本地区经济社会发展状况，就矛盾集中的部分制定领域内的劳动标准，以维护个体就业者的权益，进而为实现本职业领域内整体用工关系的规范打下基础。其三，加强对新型新就业形态劳动者社保权利的维护力度。如积极组织本职业领域内的新型就业群体加入社会保险；对有相对固定从属单位的新就业形态劳动者，职业工会还可依据职业领域内的三方机制（由政府部门、职业协会和职业工会组成）来强化资方责任的落实，督促资方为其劳动者缴纳社会保险；此外，职业工会还可自行组织或通过地方总工会，组织职业领域内的会员建立社会救助机制，以实现职业领域内部的救助，减轻社会压力。

综上所述，新就业形态劳动者话语权有理有据地行使，离不开对其组织载体的合法性与可行性研究，这就要求对职业工会的法理根基与现实基础有充分的了解。通过研究可知，结社权或团结权所衍生出的工会代表权，即为职业工会作为社会组织特别是工会组织的法理根源。在工会代表权理论的指导下，工会类型化理论对职业工会的最终选择发挥了重要作用：一方面，确定了我国工会类型的应然性；另一方面，明确了工会类型划分的原则，特别是从原则在我国体现之过程中发现了现有类型的不完善性。这就为职业工会的建构铺设了理论前提。而理论上的明晰，是为了更好地指导实践。从域内外职业工会建构的立法、机构设置及功能发挥来看，我国建立此类工会亦有相对坚实的法律与实践基础。这一方面表现为宪法法律已进行了最基本的规定，多部地方性法规和规章政策也做了相应的补充；另一方面也表现为我国全国总工会及地方各级总工会均已制定了相关政策并采取了大量措施，而我国台湾地区的职业工会组织架构、日本法中劳动者身份的重构、欧美多国工会对社会治理的参与，也都提供了一定的实际经验。因此可知，职业工会在我国的建构并服务于新就业形态劳动者话语权的行使，不仅必要而且可行。

第四章　我国职业工会建构的基本设想

组织建构所秉持的价值理念,如同自然人行为之指导思想,决定着其能否正常行使权利、承担义务以及日常运转。就工会而言,"法治基础上的自治"本应是现代社会普遍遵守的价值理念,也是工会代劳动者行使话语权的客观要求。但现实表明,受我国数千年来社会权力格局的影响,公权力对自治权有天然的警惕和约束,而劳动者也不知如何规范行使自治权,以致最终形成"自治缺失"与"自治过度"的极端局面。对此,法律在职业工会建构之初即应明确"适度自治"才是其核心价值,并扮演着政商合作者、治理参与者与职业推动者之角色,在此基础上,汲取现有工会层级复杂、行政性过强之教训,而对内部组织架构进行更为简捷有效且更符合新就业形态特点的设计,同时辅之以权责分明的外部法制环境。如此,方能使职业工会之话语权优势更大地发挥出来。

第一节　职业工会的角色定位

一、身份界定:新就业形态劳动者的利益维护者

著名学者史太璞先生曾指出:"工会是有组织成立的团体而且计划长期存在,不是为某一事而临时组织的团体;工会主要的目的在于改善劳动条件、维护劳工利益;工会问题属于劳动问题,工会法应为劳动法的一部分;工会是会员制互益性化会团体(实行会员制、主要开展互益性活动的社会团体)或民间组织。"① 因此,维护劳动者的合法权益既是工会的本质属性,也是其生存目的与基本职责。而在我国,切实表达和维护包括新就业形态劳动者在内的最广

---

① 史太璞:《我国工会法之研究》,商务出版社,1943年版,第2页。

大劳动者的合法权益，是具有中国特色社会主义工会发展道路的基本内涵。

职业工会作为工会类型的一种，其维权基础，是建设一套符合新业态下新就业形态劳动者权益诉求的维权机制；而维权机制建设的前提，是职业工会应有谋取及保障会员权益的意愿与能力。所谓"意愿"，指的是职业工会能够对当前经济社会发展新形势有清醒的认识，以及能对新就业形态劳动者的利益诉求有全面的掌握，并愿意在此基础上通过集体协商、立法或政策参与等形式为会员谋取利益；所谓"能力"则包括两个方面：一是能够领导、组织及引导新就业形态劳动者各种活动。二是能够保证充分自治，正确处理与政府、企业或其他用工主体之间的关系，而不受来自外界的干预。基于我国所处发展阶段以及现行政治与法律的原则，在工会一元化领导体制的大框架下明晰与运用职业工会新就业形态劳动者权益维护者的角色，是最务实的做法。在这一过程中，应旗帜鲜明地以维护和服务新就业形态劳动者权益为宗旨，将自身真正整合成为新就业形态劳动者利益的代言人与维护者。

当然，尽管职业工会的角色在理论上可以明确定位，但在实践中真正落实尚需一个过程。首先，客观现实决定了职业工会的新就业形态劳动者权益维护者的定位以及角色作用的发挥不可能一蹴而就，特别是在当前经济形势尚未真正企暖回升、民营企业生存压力和普通劳动者就业压力尚未彻底缓解的现实情况下，说服政府和各类用工主体认可职业工会的价值功效尚需时日和更多的成功例证加以支撑，况且职业工会于我国尚属新生事物，其作用发挥也会受现实环境的约束而难以较快呈现结果。其次，职业工会作为新就业形态劳动者利益代言人及维护者的身份，应是新就业形态劳动者认可的结果而非国家自上而下的安排，但由于现代市场经济条件下之劳动关系或用工关系并非孤立存在而必会受到他种社会关系的制约，故就需要国家对职业工会的角色定位持开明而清晰的态度，并赋予此种角色以相应的法律制度空间。最后，理论上讲，由于赋予工会组织以何种地位及权力决定其发挥作用的种类、方式及程度，故欲使职业工会的权力得以合理配置，则必须重视对职业工会社会权力的保障而适当削弱国家权力的干涉，从现实出发，未来职业工会在我国的建构特别是其角色的确定，不以获取一定的政治权力为目标，而只需努力获取新就业形态劳动者的信任并因此而形成团结意识的坚实基础即可，对社会治理的参与也应坚持自身的"社会组织"属性。

总之，未来我国职业工会的角色，应明确定位为"新业态下新就业形态劳动者利益之代言人与维护者"。为了更好地实现职业工会这一角色并发挥相应作用，则必须在充分尊重我国现实国情的基础上，认真理顺职业工会与政府及用工主体关系，主动参与社会治理和积极推动所在职业领域的整体发展。也唯有如此，才能在切实维护新就业形态劳动者合法权益的基础上，实现灵活就业领域各主体之间关系的协调以及经济社会的健康、稳定发展；而职业工会也才能成为深受灵活就业者认同、政府及社会各界满意的优秀工会组织类型。

二、实现路径：职业工会与政府及用工主体的关系安排

（一）实现与用工主体及政府的良好合作

1. 建立与灵活用工主体的互助关系。在当前的各类用工主体中，既有因新经济形态发展而不断涌现的大型用工企业，也有受改革深入和新技术发展而被动涌入市场的小型用工单位以及大量的自雇者。这些用工主体不管规模大小和经营管理水平如何，均需面对新就业形态劳动者组织纪律性较弱、权益诉求多样、劳动技能水平相对较低、向心力或归属感较差等问题。因此，灵活用工主体在客观上也需要有符合灵活用工特点的职业工会，以帮助它们实现劳动力市场的正当竞争、在劳动政策方面更有效地与政府沟通，以及更有针对性地接受劳动技能培训，等等。职业工会所起到的这样一种类似于媒介桥梁的作用，目的不是成为用工主体与政府或者新就业形态劳动者之间的交易中介，而是为了通过与用工主体的合作，更好地争取与维护新就业形态劳动者合法合理的权益。

当然，迄今并没有法律要求灵活就业市场上的用工方必须加强与职业工会的合作，新就业形态劳动者也未必只能通过职业工会来实现与用工方的良好互动以维护自身的权益。特别是在当前工会组织的社会认可度不算太高、职业工会尚未被《工会法》明确为法定类型的现实情况下，要求劳、资、政三方在短时间内深刻认可职业工会合作者的身份也并不现实。因此，职业工会只能通过提供真诚的服务、学界只能通过对职业工会建构的必要性与可行性进行不断的研究与宣传，方能逐渐在灵活就业市场上树立起职业工会应有的形象，新就业形态劳动者合理合法的权益也才能在双赢中实现。一言以蔽之，用工方接受职业工会的帮助、新就业形态劳动者认可职业工会的效用应是一个循序渐进的过程。

然而，这一设想与现实情况又似乎是相互背离的。如前所述，各国组建工会所依据的原则不同，大体上可分为"强制性原则"和"自愿性原则"两类。前者指的是无论劳动者加入工会还是企业接受工会的帮助，均已被法律明文规定而带有强制性；后者则是完全依照劳动者及企业自己的意愿。从我国《工会

法》等法律法规的规定来看（如《工会法》第 11 条规定企业、事业单位、机关有会员二十五人以上的,应当建立基层工会委员会;……县级以上地方建立地方各级总工会。……全国建立统一的中华全国总工会),我国奉行的显然是"强制性原则"。这一原则对于提升未来职业工会在灵活用工主体心目中的认可度是有利的。以政府提供的财政支持为例,所谓"有利"指的是职业工会可充分发挥自己职业性、专业性和针对性强的优势,依托地方总工会参与的三方平台,为灵活用工主体争取政府方面的财政支持,特别是可为资金、技术等资源都很匮乏的灵活用工主体争取到最基本的运营费用,以尽量减轻其负担(公平起见,可在为之争取财政支持的同时附加一定的条件,保证灵活用工主体在劳动力市场上进行公平竞争,并实现对灵活就业者合法权益的保障)。

在笔者看来,还应进一步以法治手段来强化灵活用工主体与职业工会的合作关系。一方面,当前灵活用工市场上的用工方虽有滴滴公司这样的大型企业,但更多的是人力、技术和财力都较为匮乏的小微企业、个体经营者甚至自雇者。这些用工主体大都不具备成为企业联合会等官方组织成员的资格,法律对自行成立协会类组织的规制又十分严格,而其自身又无足够能力及精力来获取充足的市场信息或其他资源,故由职业工会通过已经成熟的工会系统平台来提供帮助,显然对其的生存与发展极有好处。另一方面,职业工会通过与灵活用工主体的合作,对内可形成一定的监督程序以帮助用工主体科学决策、有效运转;对外可依托政府或社会的力量规范职业领域内的竞争秩序,为各用工主体的健康发展塑造良好的制度环境。总之,职业工会的建构有助于净化灵活用工主体的内部经营环境、实现职业领域的良好竞争秩序、提升政府对灵活就业市场的服务质量,应是一个合格的"合作者"角色。

2. 优化与政府的互益关系。当前,我国正处于社会主义市场经济建设的关键阶段,经济结构正在进行重大调整,政府在协调社会主体利益、监管经济运行、全方位服务民众以及处理各类矛盾等方面的工作十分繁重,迫切需要包括工会在内的各类社会组织提供支持并进行良好合作。从此意义上讲,所谓全面深化改革实质上是对政府与各类社会组织做职能上的分工。一方面,政府通过"简政放权",将主要精力放在宏观政策的制定及相应措施的落实之上;另一方面,将大量社会事务交由相应的社会组织依法处理,以使政府有限的精力从纷繁复杂的微观治理中解放出来。尽管我们不赞同古典经济学家"政府管得少才能管得好"的观点,但仍然期望政府能以最低的管理成本实现最优的管理效果。因此,"政府体制的设置、权利的分配及运行机制须围绕三个目标进行,即经济发展、社会和谐与高效管理"①。相应的，由于新就业形态劳动者既以高度的灵活性和分散性而著称，那么其个体偏好与特殊需求没有必要也不可能全由政府通盘考虑，这就意味着适用于新就业形态劳动者又不具备公共政策属性的内容，完全可交由职业工会发挥其特殊优势来依法处理。如此，既能在行政理念上凸显现代化，又能在实践中减少新就业形态劳动者与政府间产生矛盾的概率。事实上，我国相关法律规定已为政府与工会之间的合作打下了制度基础。如依照《工会法》规定，政府主导着宏观劳动政策的制定与实施，但必须有来自工会的意见；而工会则既要在宏观政策制定时提出意见或建议，更要在政策具体落实的过程中发挥效用。这样一种制度安排，显然为我国未来职业工会作为政府合作者的角色定位，以及在新就业形态劳动者中履行职能提供了直接的法律依据。

总之，正确处理政府与工会组织之间的关系，有助于政府从繁杂事务中脱身，以集中精力处理事关国家利益与社会公共利益的大事，实现政府治理的现代化与实效性；而将新就业形态劳动者中的具体事项交由熟知一线实情的职业工会处理，也会使得该群体能够更加健康有序地发展，从而实现对新就业形态领域的"共建、共享、共治"，社会也会因此更加稳定与和谐。因此，政府与职业工会虽承担着不同的社会分工，但二者具有根本利益的一致性和具体利益的共同点，故应是一种互助互益的合作关系。

（二）实现对社会治理的有效参与

现代社会共治思想告诉我们，当今的社会治理已不可能仅凭政府一己之力，而应有大量社会组织参与其中，并与政府一道成为共建和谐社会的主体。而作为社会组织的典型，工会尤其是职业工会更应主动参与对新就业形态劳动者乃至整个灵活用工市场的治理之中，有关法律法规也应当给予充分的制度保障。

1. 彰显职业工会参与的主体价值。根据《中国工会章程》的规定，我国工会的基本职责是"维护职工合法权益"，并具体体现为"建设""参与""教育"和"维权"四个方面的职能。值得强调的是，这四项职能并非同等位阶：其中的"维权"职能处于最基本的地位，其他三项则是从不同角度对"维权"职能的诠释。这就意味着，工会作为社会治理的重要参与者，其主体价值将体

---

① 马振清、王勇军：《国家治理现代化与正确处理政府、市场和社会的关系》，《河北学刊》，2016年第2期，第194—198页。

现为不同方面的功能,并最终指向"维护职工权益"这一最基本和最重要的职能。

以"新型学徒制"的实施为例。该制度的特点不仅在于注重"学徒"的培养,而且也在强调"新型"二字,亦即相关政策文件所要求的"招工即招生、入企即入校、企校双师联合培养"模式。这就意味着:其一,在政策制定方面,未来职业工会可经由地方总工会,通过三方会议等平台,积极参与政府或企业联合组织关于新型学徒制的管理机构或者专门会议,并以提供咨询或建议的方式,争取地方性法规、政府规章、政策或用工主体章程的制定与修改,以维护新就业形态劳动者的利益。政府有关部门亦应重视职业工会的决策建议提供者和咨询服务者的身份,赋予其参与制度建设的权利和资源。其二,在平台建设方面,职业工会应充分发挥熟知一线新就业形态劳动者工作实情和可以利用地方总工会资源的优势,在新就业形态劳动者中积极开展关于实施新型学徒制的专项调研,召开专门的理论与实务研讨会、举办各类的劳动技能比赛,并通过搭建产学研合作平台扮好信息枢纽的角色,推动线上线下的信息交流和资源交换,积极为新就业形态劳动者寻找"学徒化"的实习机会以及就业机会。其三,在参与途径方面,职业工会既要大力提升对灵活用工市场现状分析和对人才需求预测方面的能力,为培养新型学徒的课程开发和教学实践提供专业性的意见或建议,又要在参与的过程中始终坚持发挥辅助作用,特别是要争取地方总工会转变"劳动者培训应当以我为主"的观念,由过多依赖工会的自设机构转为积极参与用工主体和职教院校联合设立的管理机构,主动将工会意见反映到相应的学徒培养规划和考核标准之中,大力推动新型学徒制在新就业形态劳动者中成功实施。

2. 培育职业工会自身参与能力。其一,健全工会内部的服务企业发展的机构。当前,我国地方总工会对其内部设置的服务企业发展机构的管理不够清晰,有的归属于经济技术部门,有的归属于宣传教育部门,有的设置了专门的职工服务中心,还有的呈"多家共管"的样态。如此,其实是不太利于实现参与步调的一致和资源的统筹投放。对此,未来职业工会可争取地方总工会的帮助,积极探索在本地区一定层级(地市级及以下)设立统一的、专门服务灵活用工市场的指导机构,并实行科学的决策、表决以及向新就业形态劳动者、政府以及灵活用工主体提供或反馈信息的机制,保证人、财、物使用的制度化和透明化,使职业工会有序、高效参与社会治理。其二,提高职业工会专职人员的职业素养。由于工会是由劳动者这一天然弱势群体组成的群众性组织,公权力的权威和强势不宜在工会体现,且职业工会已跨越企业的界限,社会影响将与日俱增,所以提升其专职工作人员尤其是领导者的职业素养,对于提升职业工会在具体制度实施,乃至整个社会治理体系中的地位和公信力具有重要意义。对此,职业工会一方面应按照自身的职业属性建立科学的人才选拔机制,加大社会化工会工作者的培养力度,将具有高水准工会工作能力的人才吸纳到工会管理层;另一方面应当协调政府和地方总工会,在劳动报酬、养老医疗、职称荣誉等方面实施具有吸引力的政策,支持职业工会工作者综合能力的提升。总之,应通过不断提升职业工会工作者的专业化和职业化水平,来实现职业工会参与社会治理体系(特别是参与具体制度实施)的科学性和实效性。其三,建立公平公正的监督制度和奖惩机制。随着我国企业和劳动者权利意识的觉醒以及法治建设的逐步完善,工会对社会治理体系的参与也必然会更加规范。美国经济学家和社会学家曼瑟尔·奥尔森曾提出要通过"强制"和"选择性诱因"的方法来保证治理行为的制度性和规范性。借鉴其理论,我国亦应通过法律、法规、章程等制度规范,对职业工会参与社会治理体系特别是具体制度实施的全过程予以监督,对其积极的意愿和实际行动给予精神或物质奖励,对其不作为或者不依法作为的行为给予惩处,以此来保证职业工会参与的制度化和规范化。

综上,职业工会对社会治理的参与,特别是关于新就业形态劳动者的具体制度的实施参与,实为市场经济框架内依法进行的市场化行为。有学者对于"市场化"提出质疑,认为在我国实现工会对社会治理的参与将面临错综复杂的问题,主张"市场化并非是明智选择,政府应当从战略高度承担起主要责任"①,故社会治理体系的运转特别是具体制度的实行亦应在各个阶段都要以政府为主。但实践证明,在当前市场经济体制仍不完善的情况下,若主要依赖政府的扶持或企业的自觉,并不利于激发各主体参与经济社会建设的积极性,也不利于提升各项具体制度运行的实效性。况且,现代社会治理"不再是监督,而是合同包工;不再是中央集权,而是权力分散;不再是由国家'指导',而是由国家和私营部门合作"②,故对社会综合事务亦应实行"多中心合作治理模式"③。而职业工会作为具有明显职业特点的新就业形态劳动者的利益代

---

① 徐国庆:《英德职业教育体系差异的政策分析及启示》,《教育科学》,2006年第3期,第70—73页。

② [法]弗朗索瓦—格扎维尔·梅理安:《治理问题与现代福利国家》,《国际社会科学杂志(中文版)》,1999年第1期,第59—68页。

③ [法]皮埃尔·卡蓝默:《破碎的民主:试论治理的革命》,高凌翰译,生活·读书·新知三联书店,2005年版,第56页。

表，显然应成为"多中心"中的一个，并通过以上路径来成功扮演社会治理参与者的角色。

3. 营造良好的制度保障环境。其一，加强三方机制建设。三方协商机制作为国家对劳动关系领域的典型干预或调节手段，对于增进劳、资、政三者间的理解与互信，具有重要的制度功效。在当前经济新形势发展迅速、新就业形态劳动者规模不断壮大的背景下，我国亦有必要对现有的三方机制进行升级改造。首先，完善现有的工会参与顶层设计的相关制度。这些制度主要包括人大立法、政府政策制定、政协提案、联合执法检查、司法救济等方面。当前虽有地方总工会可通过三方机制参与影响劳动立法进程及相关活动，但随着共享经济等新经济形态的兴起和公众参与意识的增强，原有的参与形式和内容亦应体现新就业形态劳动者的意愿，因此亟须对三方机制进行符合新就业形态劳动者特点的"现代化改造"。其次，建立工会承办的灵活对话制度。这一制度更为强调政府与职业工会开展常态性对话，其设置目的在于通过政府、灵活用工主体、职业工会之间协商对话的顺利进行，以既能让政府更加体察灵活用工市场各方主体的真实意愿，又能够保证新就业形态劳动者的合理利益诉求通过对话能得到直接回应。对此，应由地方总工会在政府和灵活用工主体的支持下负责具体运作，特别是应会同职业工会具体开展联席对话各方的资格确定、程序安排、信息管理与使用等方面的工作。最后，建立工会参与的监督与问责制度。赋予工会以监督权，保证新就业形态劳动者可通过职业工会监督相关立法、司法和行政等活动的整体过程，以确保各项涉及新就业形态劳动者的政策公平、公正、公开；同时，为保证监督的实际效果，还应建立有职业工会参与的问责制度，以在宏观上划定灵活用工市场上各主体间的边界，并在微观上明确问责的主体、对象、范围、标准、程序、执行及救济等相关规定。

其二，细化职业工会在落实特定职业政策中的职责。针对新就业形态劳动者特定职业政策的实施，应当集合所有主体各自的资源优势以共同推动。因此，尽管宏观政策是由劳动行政部门单独或会同业务主管部门共同制定，但这并不妨碍在各地制定落实细则时，将职业工会也纳入进来，以使具体的推行措施更为科学、合理、全面且具可操作性，也更能获得各方认同与积极践行；在此基础上，再充分考虑本地区经济发展状况的现实，特别是要立足于本地的灵活用工状况，积极探索适合本地的具体措施。例如，在立法时机尚未成熟的情况下，可在本地出台的政策文件中明确职业工会的职责，及其与灵活用工市场上其他主体之间的权限划分；地方总工会亦可利用三方协商机制，共同制定关于工会参与政策具体实施的方式与途径的详细政策。此处需要强调的是，为避免特定职业政策陷入"原则性过强而针对性与可操作性缺失"的陷阱,各级地方政府和地方总工会应当不断提高政策制定技术水准,既应有对职业工会参与政策实施的原则性倡导,也应有对职业工会参与的具体操作条款、职责划分、考核评价标准和奖惩机制的明确规定,以解决政策内容空洞和操作性差的问题。

其三,改革经费的保障方式。资金充裕程度,是一项制度能否顺利实施的关键因素。由于涉及新就业形态劳动者集体权益的制度措施,在本质上属于具有公益性的公共产品,故职业工会参与的经费应由法律明确保障,如此方有推动该制度全面、有效实施的实力与动力。原则上,未来职业工会的经费来源于会员缴纳、工会资产的经营所得和地方总工会的支持,以保证其具有适度自治性;但在三者中,地方总工会的财政支持在职业工会建构初期将发挥主要作用。因此,法律应明确规定此类财政支持的规模与方式、工会经费使用的效益比浮动幅度,并可针对政策实行较好的企业加大工会会费返还力度,以在保证职业工会拥有参与资本的同时,提高灵活用工市场各方对职业工会参与的认可与接受的程度。由于职业工会经费的收取与使用属于职业工会内部机构建设的范畴,故此内容会在本章第二节有具体阐述,而此处不赘。

(三) 实现对职业发展的有力助推

1. 促进劳动力资源优化配置。现代市场经济的发展,不但追求实现劳动者个体素质的提升,而且要求在整体上将高素质的劳动力视为一种资源,并在市场经济条件下,通过劳动法以制度手段促其优化配置,即要求劳动法推动劳动力市场实现灵活性、安全性及公平性的有机统一。所谓"灵活性",这里是指"劳动力供求双方在劳动力市场和劳动关系运行中都有自愿、自由、自主、自治(协商)的空间,由劳方就业灵活性和资方用工灵活性所构成"[1]。当前国家一些重要劳动政策的提出,从深层次反映出长期以来以廉价劳动力为"红利"的粗放型经济发展方式所造成的劳动力供需结构性矛盾。在劳弱资强局面长期保持的情况下,如不重视劳动力结构问题而片面追求劳动者"高端化",反而会使"低端劳动力增多和专业技术工人紧缺"的矛盾进一步加剧,从而导致劳动力供求失衡愈加严重,最终造成劳动力市场更加不安全和不公平。对此,未来职业工会应当积极推动政府重视灵活用工市场上劳动力资源的优化配

---

[1] 张羡岷:《进一步规范劳动关系 积极应对供给侧结构性改革的新要求——访上海财经大学法学院教授王全兴》,《中国人力资源社会保障》,2017年第1期,第44—47页。

置,既要推动实现工时管理、内部流动、工资决定机制、劳动合同或合作协议解除等方面的灵活性,又要通过实施劳动合同、集体合同、就业促进、劳动监察、社会保险等体现公平性与安全性的制度,防止这种灵活性被滥用。

2. 规范新就业形态劳动者的总体报酬请求权。所谓"总体报酬",指的是对劳动者的报酬不能局限在货币等物质方面,而应同时重视其职级提升、业绩肯定等软环境要素。① 未来职业工会应当积极推动灵活用工市场上各主体对"总体报酬请求权"的重视,并在实现新就业形态劳动者总体权益的同时,实现整个职业整体更高质量的发展。

其一,建立科学的人才评价体系。对劳动者工作能力、工作业绩、职业道德和专业知识水平进行考核,综合评定并确定其相应技能等级资格,既是对劳动者劳动成果的尊重,也是通过对其劳动价值的充分肯定来激励其不断提升劳动技能水平的重要手段。因此,这种考核评价不能是随性而为,而应建立一整套科学、严谨并具可操作性的考评制度体系。对此,未来职业工会应在尊重灵活用工主体经营自主权的前提下,促使其能确保报酬的给付及正常调整机制能够体现灵活就业者的岗位职责、能力要求和绩效表现三个方面的基本情况;或可经集体协商程序来制定合理的人才考评制度,并以集体合同的形式促使用工方根据岗位职责的不同对灵活就业者进行不同的职业发展规划,并建立相应的人才考评机构确定薪酬、职位等级别体系;还可通过工资集体协商机制使得本用工主体提供的薪酬水平与同职业领域内其他用工主体给付的薪酬水平保持合理对比,还应在合理控制人工成本的同时,加大对高技能新就业形态劳动者的激励力度。

其二,推动实现职业领域内的新就业形态劳动者晋级。注重企业内部人才的培养与提拔,对于发掘劳动者潜能、激发其工作热情和增强其对企业与职业忠诚度,具有十分重要的作用。未来职业工会应在重视新就业形态劳动者个人修为的同时,亦应重视在本职业领域内开展人才内部培养与选拔的推动作用。对此,可借鉴民主管理、民主评议等工会传统制度的技术经验,推动政府、灵活用工主体和地方总工会以培养"全能型人才"和实现"职业内部人才流动"为目标,以灵活的工作设计为基础,积极建立本职业领域的内部人才梯队,注重在职业领域内部选拔优秀人才充实到各用工主体的更高岗位,以鼓励新就业形态劳动者快速提升其综合素质水平。

---

① 文跃然、周欢:《从货币报酬思维走向总体报酬思维》,《中国人力资源开发》,2015 年第 2 期,第 16—20 页。

3. 建立制度与情感并重的劳资关系协调机制。其一，在制度化的前提下实施人情化管理。当前，我国部分企业对劳动者的录用、晋升、辞退仍有些过于随意。这种状况不但导致了劳动者队伍的整体不稳定，同时也使劳动者在精神法益层面的职业安全感[①]和企业忠诚度成为空谈。这种现象，在灵活用工市场上也存在，如某大型网约车平台企业对司机加入的门槛设置过低、某知名电商企业对快递员的合作协议内容格式化严重且解除过于随意等。对此，未来职业工会可通过地方总工会平台积极推动地方性劳动法规的修改，通过增加罚则和加大执法检查力度等方式，督促企业或其他灵活用工主体尽快实现管理制度的规范化和现代化，特别是要规范新就业形态劳动者的引进、任用、考评与奖惩等方面的制度，明确技术分工和灵活用工双方的权利义务及责任承担。在此前提下，通过与资方共同搭建集体协商、职业合理化建议等制度平台，将情感手段注入灵活用工主体与新就业形态劳动者之间的互动；并通过关心新就业形态劳动者的生活和工作环境质量以及加强理想信念、职业道德等方面的教育，将职业文化和劳动价值内涵和培育目标，灌输到新就业形态劳动者实现个人发展和精神升华的过程中，促其增强对职业文化的认同。其二，在物质保障的前提下实施精神激励。工匠精神的一个突出特点，就是促使劳动者能够在心理和行动上将自己与企业紧密结合为一体。在劳动法上，这种结合通常是将劳动者关于提高收入、改善劳动条件、增加福利的要求与企业设定的生产经营目标之间的互动契约化，形成劳动者自觉安心、专心工作和热衷提高专业技术水平以推动企业健康发展的良好局面。新就业形态劳动者所从事的职业类别多种多样，从劳动密集型岗位到技术密集型工作应有尽有，对新就业形态劳动者乐业、敬业、专业的要求不亚于传统劳动者。因此，未来职业工会应在充分利用《劳动合同法》和《企业民主管理规定》现有规定的同时，针对新就业形态劳动者特点和职业属性，通过物质和精神激励的方式，鼓励其提升责任意识，特别是在提升自身技能的同时也多为职业的发展献计献策，促使职业内部形成精神上的共同体。

---

① 冯彦君：《论职业安全权的法益拓展与保障之强化》，《学习与探索》，2011年第1期，第107—111页。

第二节　职业工会的内部机构设置

一、职业工会会员资格及其权利义务

（一）会员：职业工会建构的基础细胞

1. 关于会员的资格。尽管各类职业工会的职业特性丰富多样，但其章程一般均会根据自己的职业特点来明确规定成为其会员的条件，这些条件应当是职业工会章程的必要记载事项。按照结社自由的一般原理和《工会法》的规定，灵活就业者组织或加入职业工会纯属自愿行为，故法律只需对会员资格的取得做一般性要求（如不得违法、不得排斥地方总工会的领导等），而不应强制规定某一或某类新就业形态劳动者具备工会会员资格。此外，因作为社团法人的职业工会相较于公司类组织而更具人合性，这即意味着会员之间的信任对职业工会的存在和发展意义重大，故新就业形态劳动者在取得会员资格之后不得转让或继承，以免对会员间的信任造成可能的损害，从而最终影响到职业工会群众基础的整体稳定。至于新就业形态劳动者能否取得会员资格的决定权，则在于职业工会的章程，他们不能通过其他的方式取得此资格。相应的，由于结社自由包括积极的自由（入社）和消极的自由（退社），故职业工会会员的退社自由权和职业工会对其会员做出的除名等决策权应得到尊重和保障。只不过，会员在退出职业工会之后仍应对其退出前所做的承诺或做出的行为承担相应的义务与责任。

2. 关于会员的权利。在取得会员资格之后，职业工会会员与职业工会之间就会形成一种权利义务关系，并由此使该会员拥有了社员权。王泽鉴先生认为，"社员权者系指社员对于社团所有权利义务的总称，因其系以社员资格为基础，故具有身份权的性质，但社员得基于自益权，受领或者享受财产利益，故亦有财产权的性质，故可解为兼具身份权和财产权性质的特殊权利"[①]。但需注意的是，职业工会会员虽然拥有此种兼具人身和财产性质的社员权，但在财产权方面，其只拥有职业工会设施的使用权而并不享有对职业工会自营事业

---

① 王泽鉴：《民法总则》，中国政法大学出版社，2001年版，第187页。

的收入或剩余财产进行分配的权利。正是因此种社员权的内容较为复杂,故其一般都会作为必要记载事项列入职业工会章程之中。详言之,职业工会会员的权利主要包括五个方面:一是结社自由权。如前所述,这主要指的是积极的入会权和消极的退会权。由于会员资格的取得条件已为职业工会章程所明确规定,故劳动者需要按照章程要求提出申请,满足条件即可入会,任何组织(包括职业工会本身)和个人均无权阻挠或额外设置障碍;相应的,职业工会会员亦有依法依章程退会的自由,不受其他因素干扰。此外,除非会员的行为违反法律强制性规定或章程明文规定,否则职业工会不得随意剥夺其会员资格。二是选举与被选举权。职业工会的意思产生机构、执行管理机构和监督机构均由会员一人一票选举产生,会员亦有被选为前述机关各类各级负责人的权利。此种选举和被选举权应当以公平公正公开为基本特点,并不因会员之经济实力或社会地位而有差别。三是监督与罢免权。一方面,职业工会会员可通过章程所规定的程序,对职业工会的各级或各机构负责人进行工作能力、财务人事等方面的监督,并有权依法定程序对前述人员进行罢免;另一方面,因经费审查委员会是我国工会对经费来源及使用进行审计监督的组织,如我国未来引进职业工会制度,则亦可将该委员会在现有基础上进行改革,使之切实成为真正的内部监督机构。而职业工会会员有权经选举进入该委员会,从而对前述机构和负责人进行更为专业的监督。四是议事及决策权。除了职业工会管理层应当主动按照章程规定的程序要求将重大事项公之于会员外,会员亦有权参与对重大事项的讨论并经法定程序发表意见和建议,并有权通过章程规定的方式(如投票或举手表决)来决定职业工会的重大事项。五是使用权。由于劳动者加入职业工会的目的,在于通过组织的力量,将职业属性相同但相对于固定用人单位职工更为分散的劳动者团结起来,以实现单纯依靠个人无法实现的利益,故职业工会会员有权依照章程的规定使用职业工会的各项设施(如劳动技能培训设施)、平台(如劳动力市场信息平台)或组织机构(如职业工会内部的争议调处机构),任何组织和个人无正当理由不得阻挠。

3. 关于会员的义务。主要包括:一是按时足额缴纳会费。如前所述,职业工会存续与运作的经费主要来源于会员缴纳的会费、地方总工会的支持、自营事业的收入三个方面,而会员会费的缴纳是基础性来源。因此,职业工会的每一位会员均应当依照章程规定的数额或比例缴纳会费,以实现职业工会职能的正常发挥。二是自觉遵守行为规则。由于职业工会会员更为分散且流定性更强,致使其会员基础更为薄弱,故行为规则作为全体会员合意的产物对职业工会的意义也更大。它起着组织及个人的活动准则和事实上之内部法规的作用,为职业工会功能之实现提供着切实保障。因此，职业工会的每一位会员均应自觉遵守各项行为规则，而各级管理者和负责人更应模范遵守。三是自觉执行职业工会会员（代表）大会的决议。由于自律功能也是职业工会自治的重要组成部分，决定着职业工会自身的正常运转和政府与社会对其的评价与影响，故职业工会会员有义务通过一定的方式使自律功能完整实现。在这些方式中，最重要的就是自觉执行职业工会会员（代表）大会的各项普适性决议及只对部分会员有效的决议（如关于争议调解或内部仲裁的决议）。四是积极参与各项活动。职业工会作为不拥有公权力的群众组织，其相对于政府或企业组织本就居于相对弱势的地位，其存在和功能的发挥也一般都是以举办或参加各类活动为主要途径，故职业工会会员应当积极参与职业工会组织的服务性、决议性、交流性或事务性活动，以积极配合职业工会的各项工作。

二、职业工会内部组织架构

（一）会员（代表）大会：职业工会的权力机关

与自然人以自己的行为来享有权利和履行义务不同，职业工会作为法人，其必须通过一定的内部组织机构来进行意思表示，而这一机构即为职业工会的权力机关——会员（代表）大会。由于职业工会同任何群团组织一样都是由具体的个人组成，会员基于各自的利益考量会对同一件事有不同的看法，故此时就需要会员（代表）大会通过一定的程序将会员的意思集中起来，并依照少数服从多数的民主原则形成职业工会最终的意思表示。该意思表示一经做出，则对包括持反对意见的会员在内的所有会员均产生法律效力。

1. 会员（代表）大会的召集。职业工会会员（代表）大会的召集人及召集程序是否恰当，将在很大程度上影响会员权益的实现，故在设有职业工会的国家和地区一般会通过法律直接规定或将之列为职业工会章程必要记载事项的方式，来对职业工会会员（代表）大会的召集人及召集程序做出规定。

2. 会员（代表）大会的权限。会员（代表）大会是职业工会的最高权力机关，其有权审议和决定关于职业工会的一切重大事项。由于职业种类千差万别，故在设有职业工会的国家和地区，法律通常会对包括职业工会在内的一切工会组织的会员（代表）大会权限进行一般性列举，而将具体职权交由各职业工会在其章程中列明。概括而言，职业工会会员（代表）大会的权限主要包括以下几个方面：

一是有权拟定或修改职业工会的章程及其他规章制度。前已述及，职业工会章程作为职业工会内部具有最高效力的行为规范,其必须为所有内部机构成员及会员所遵守,故对其拟定或修改都必须审慎,务须遵守严格的程序。该程序最重要的环节,就是章程或规章制度的草案必须提交会员(代表)大会审议,并经绝对多数(通常为三分之二及以上)的会员同意方可通过。二是有权剥夺会员的会员资格。对于严重违法或违反章程规定的会员,职业工会会员(代表)大会通过除名的方式暂时停止或永久剥夺其会员资格。由于此种措施是职业工会行使惩戒权最严厉的一种,故其属于特别决议事项,需要经过绝对多数的会员(代表)同意方能实施。三是选举、监督和罢免职业工会主要管理人员。这些人员主要包括:工会主席、副主席、监委(或经审委)主任、副主任等。四是解散职业工会。一般而言,职业工会的解散需经其会员(代表)大会的决议明示。"成立或者撤销工会组织,必须经会员大会或者会员代表大会通过,并报上一级工会批准。"① 这即意味着,未来我国职业工会的解散最终决定权在上一级工会(通常为地方总工会),否则即便其会员(代表)大会通过亦无法实现组织解散的法律效果。五是决定其他重要事项。随着时代的发展,职业种类愈加丰富多样,而各个职业工会的组织基础亦多有不同,故法律或章程无法穷尽列举职业工会会员(代表)大会所有权干预或决定的事项,而只能在其权限范围的最后做此兜底性规定。

3. 会员(代表)大会决议的效力。从本质上讲,职业工会会员(代表)大会决议是一种共同行为。这就意味着:一方面,它象征着大多数出席大会的人员的意思表示趋于一致;另一方面,也表明只要赞同或反对的人数达到法律或章程规定的数量或比例,则决议即可成立或无效,并对该职业工会全体会员都产生约束力,而即便有少部分出席会议的会员或会员代表有不同意见也不可以否决这种效力,这与契约必须经全体缔约人一致同意的特点显然是不同的。当然,不管做出什么样的决议,都不得与法律强制性规定或章程的规定相违背,否则该决议本身即为无效或可撤销。由此可见,职业工会会员(代表)大会的决议与其章程之间的关系非常紧密:一方面,职业工会章程作为职业工会的最高行为准则,有权在不违背法律强制性规定的前提下,对职业工会会员(代表)大会的召集、程序及决议做出规定;另一方面,职业工会的会员(代表)大会既要严格遵守职业工会章程的规定,但又有权对职业工会章程的内容进行修改,这就意味着"如果会员大会想做出与章程抵触的决议,首先应该修改章程的相关规定,然后再做出符合新章程的决议,而不得直接做出与原章程

---

① 《中国工会章程》第 16 条。

相抵触的决议"①。

4. 会员（代表）大会对会员权益的保护。这种保护体现在两个方面：其一，由于会员是职业工会的基础细胞，故职业工会会员（代表）大会的决议也应是会员意思表示的集中体现。换言之，正是通过对会员的审议权和表决权等权益的保护，才使得职业工会的会员（代表）大会的意思决定最终形成。其二，因会员的权益诉求不可能完全一致，故职业工会会员（代表）大会的决议也只代表了大多数会员的意思，但这并不表示持反对意见的会员的权益就无从保障。比如，为确保全体会员（或会员代表）对拟表决的事项有充分的准备，会员（代表）大会会可预先将会议日期、内容、目的、地点通知到各参与表决的会员（或会员代表）；通过章程要求必须有符合要求的出席人数才算是有效的职业工会会员（代表）大会，而必须有符合要求的表决人数才能产生具有法律效力的决议；允许会员（或会员代表）可以通过司法程序，请求撤销违反法律或章程规定的程序或内容的决议；明确并非所有的事项均可经职业工会会员（代表）大会的决议而受到干预，对此可参照《德国民法典》的规定，"社团成员的特权，未经该成员同意，不得以社团全体成员大会决议加以侵害"，"多数成员也不得通过决议排除或限制某个社员或某组成员的投票表决权"。②

（二）执行委员会：职业工会的管理机关

本书之所以将未来职业工会的管理机构命名为执行委员会（简称执委会）主要是为了契合我国长期以来对工会管理机构的称呼，为未来职业工会在我国的建立，清理因望文生义而产生的思想障碍；同时也借机在名称上通过对"执行"的强调彰显职业工会"事本主义"的行事风格。

1. 执委会的构成。（1）在机构构成方面。职业工会执委会主席负责统筹处理全会性事务。为更好地协调内外关系，执委会一般要设立由秘书长领导的秘书处，专职负责具体的日常工作，并对执委会负责。除了这些基本的机构外，在人数较多、规模较大的职业工会，一般还有两个层级的机构：一是在执委会下设置常务委员会，负责统筹处理涉及全会的重大事项（须有章程明确列举）；二是根据业务需要，在执委会或常委会下设置若干专业委员会或工作小组（如调解委员会等）。后者由执委会或常委会成员分管具体工作，其职责内容亦有该职业工会的章程列明，目的是更有针对性以及高效率、高质量地处理

---

① 金锦萍：《非营利法人治理结构研究》，北京大学出版社，2005年版，第87页。
② ［德］迪特尔·梅迪库斯：《德国民法总论》，邵建东译，法律出版社，2000年版，第836页。

具体事务，法律对其具体设置不宜干预。(2) 在人员构成方面。职业工会的执委会主要包括正副主席（即实际的主要负责人）、秘书长、委员和一般干事，其中又以正副主席和秘书长为核心人员。在任职资格上，法律一般只在年龄和禁止性条件方面做出规定，而将具体的任职资格交由职业属性各不相同的职业工会自行决定。(3) 在产生机制上，执委会作为职业工会的实际管理机构，一般应在会员（代表）大会上由会员（代表）选举产生。鉴于执委会对工会组织开展业务及正常运转的重要性，在设置职业工会的国家或地区，其法律一般会对执委会或理事会的结构、数量及选举程序做较为严格的规定，并规定应当进一步选举出工会主要负责人员。至于该负责人的具体条件及产生方法，则一般交由各职业工会自行决定。

2. 执委会的职权。执委会作为职业工会的管理机关，负责职业工会在会员大会闭会期间的具体活动，包括执行会员（代表）大会的决议、拟定职业工会的大政方针政策以及其他事务。在设有职业工会制度的国家和地区，职业工会的职权一般由各自的章程规定，法律对此不做具体要求。这些职权一般包括对内对外两个方面：一方面，管理内部事务。职业工会的章程规定了执委会的具体职权，其中对内的管理职权主要包括：筹备召开会员（代表）大会、向大会汇报工作开展情况、制定内部管理制度、制定和落实近中远期工作计划、执行会员（大会）的决议、领导各机构开展工作以及其他重要事项。另一方面，对外代表工会法人。作为法人的一种，职业工会的意思表示通过一定的机关做出。进言之，职业工会作为一种社会组织，其进行法律行为时必定会与除自己之外的其他组织或个人产生联系；此时，与之联系的相对人就必须清楚是谁在代表职业工会法人在做出或接受意思表示。

一般而言，法人的管理机关为其代表机关，而该机关的代表方式又可分为共同代表和单独代表两种方式。前者指的是法人的代表权由管理机关作为一个整体来行使（如《德国民法典》第26条的规定）；后者，指的是法人的代表权可由每个管理机关成员（如委员或理事）单独行使（如《日本民法典》第53条的规定）。我国《民法典》第61条规定："依照法律或者法人章程的规定，代表法人从事民事活动的负责人，为法人的法定代表人。"由此可知，我国法人的代表机关既不是共同代表制也不是单独代表制，而是独立职权制。这一制度构成了我国境内所有法人代表机关的基础，这也就意味着，我国未来职业工会的法定代表机关亦应采行此制。

3. 执委会的定位。这主要体现在其与会员（代表）大会的关系上。一方面，由于职业工会的最高意思机关和权力机关是会员（代表）大会，而会员

（代表）大会又不具备对外代表职业工会法人的条件和能力，故应由执委会等特定机关来执行落实其决议；另一方面，职业工会主要负责人一般由会员（代表）大会选举和任免，并对会员（代表）大会负责。对此，可借鉴我国台湾地区的经验，我国未来职业工会执委会亦可循此内容进行定位：其一，职业工会执委会应对会员（代表）大会负责，主席、委员等一般由会员（代表）大会选举产生或罢免；其二，为确保执委会组成人员行事公正，职业工会章程不得约定此类人员的报酬请求权；其三，在执委会组成人员严重违背职责义务或明显缺乏相应工作能力时，会员（代表）大会可撤回对其的任命，除此之外，任命不得随意撤回。

（三）监督委员会：职业工会的监督机关

无论是英美法系国家还是大陆法系国家，社会组织为确保自身健康运作，一般都会外聘或设置监督各内部组织机构业务执行的个人或机关。前者如美国篮球运动员工会（NBPA）专门聘请了独立会计师承担监督职能，后者如我国台湾地区职业工会专门设置的监事或监事会。长期以来，我国工会的组织机构设置深受大陆法系的影响，各级总工会、行业与产业工会、规模以上企业的基层工会均设立了名为"经费审查委员会"的监督机构，但重点是检测工会经费的收取与使用，而对工会工作人员尤其是领导干部较为松懈。未来在建立职业工会制度时，我国可考虑设置监督委员或监督委员会，专司监督职业工会业务、财务及工作人员的工作（经费审查委员会的职能亦纳入其中），人员由会员（代表）大会产生，并定期将监督结果向会员（代表）大会详细报告。尽管有部分职业工会（如美国康涅狄格州哈特福德家政工人协会）并未设有专门的监督机构，甚至只是聘请兼职的会计师进行例行审计，但在我国当前经济下行压力增大、劳动关系愈加复杂的背景下，若要确保工会组织的改革在稳定的轨道上顺利推进，特别是增设职业工会这一新型的工会联合组织，就更有必要设置专门且专业的监督机构，保证职业工会运作的自律与规范。当然，由于职业工会相对于其他工会组织形式具有更为密切的成员关系、更高的利益相关度以及更具"熟人社会"特点，因此，法律只需对其监督机关进行一般性的规定以及某些禁止性规定即可，而具体的监督内容应当交由各职业工会通过其章程自行决定。

三、职业工会经费的来源与使用

作为工会组织类型的一种，职业工会的经费管理同样体现在两个方面：

"一是从经费的来源上,二是从经费的使用上。"① 只不过,职业工会需针对新就业形态劳动者的特点和实际需求,赋予这两个方面以新的内容。

(一) 实现职业工会经费来源多元化

如前所述,职业工会因其较高的自治性、会员基础的独特性以及用工主体的不确定性,而在经费收取方面与现有工会组织有较大区别,且于初创期时对经费的需求也会更为迫切。此时若无足够的资金支持,则职业工会的日常运作及功能发挥都将遭遇极大的阻力。因此,法律应当在尊重现实的基础上,将职业工会的经费来源渠道限定为三个方面:一是会员缴纳,二是地方总工会拨付,三是自营资产的收益。鉴于大量新就业形态劳动者经济条件并不宽裕,且对职业工会将会处于一段时期的观望状态,故初创期的职业工会的经费来源将主要后两个渠道。例如可规定地方总工会应根据本地区灵活就业市场的发展情况而专项列支费用,用以补助辖区内职业工会;或可允许职业工会通过提供劳动力市场信息咨询、职业技能培训、接受政府委托、提供宣传平台等方面的有偿服务,或者经营针对新就业形态劳动者的旅行社、疗休养活动等,来不断扩大经费收入渠道。但需要强调的是,职业工会自营事业的收入不能用于会员间的分配,而只能用于工会的日常运作或开展活动。总之,由于职业工会的会员基础呈灵活性和多样化特点,故其经费收取渠道及方式亦应多元化,以尽可能地保证职业工会有足够的经济基础为新就业形态劳动者群体提供各项服务。

(二) 实现职业工会经费使用规范化

同样基于新就业形态劳动者规模庞大且更为分散灵活的特点,职业工会经费的使用必须具有更高的公开、公正、公平程度。具体而言:一方面,经费的使用过程应尽可能地公开透明。职业工会经费使用决定权在于工会会员,这就要求涉及重要事项或数额较大的经费开支,必须经由会员(代表)大会讨论决定;而数额较小或者维持职业工会日常运作的一般性开支,职业工会必须在专职监督机关的监督下,通过网络等信息化平台将具体的使用情况详细告知会员。这里需要强调的是,依照《工会法》规定,工会经费的收支及报告程序较为复杂。但由于职业工会内部机构建设相对现有工会更为简洁,并实行会员(代表)大会领导下的执行机构与监督机构并列的"等边三角形"管理体制,故可将《工会法》规定的经费审查机构升级成为监督机构,以尽可能地提高经

---

① 董燕江:《略论工会财务会计管理规范化》,《当代经济》,2015 年第 3 期,第 44—45 页。

费监督的重要性和透明度。另一方面，地方总工会应将职业工会的经费使用情况纳入检查范围，并将检查结果以书面形式反馈至该职业工会的会员（代表）大会，如发现有经费滥用、挪用甚至侵占等行为，则有责任通知监察部门或司法审计部门，以便及时对责任人"给予经济、行政、刑事处罚，以维护职工的合法权益"①。

第三节　职业工会的法律环境的塑造

一、工会法与职业工会章程关系的厘定

（一）工会法对职业工会章程的双层调整

职业工会作为法人，其章程作为保障其发展方向和进行民主决策的依据，由于对职业工会会员的权利义务及彼此间的关系、职业工会的整体发展规划等重要事项做了明确的制度安排，故其兼具前述两种学说所阐释的部分特点，但又不能完全归为其中一种。具体而言，一方面，由于职业工会章程对会员的约束力的有效期间为其入会时起至不具备会员资格时止，这显然不同于法律规范的约束力适用于所有人，故职业工会章程有类似于法律规范之处但亦有着本质区别；另一方面，职业工会章程的适用对象是包括设立者和未来会员在内的不特定的多数人，故其虽是会员经过协商并经法律认可的产物，但并不同于拥有明确适用对象的民事契约。因此，笔者认为对职业工会及其会员的调整其实是分两个层次进行的：第一层次，将职业工会的内部治理结构交由法律进行原则性的规制，此种规制带有强制性，具体包括职业工会的组织机构、会员资格、权责划分以及运行程序等；第二层次，由职业工会章程对职业工会成立及运行过程中的具体问题进行规定，这些规定应当以第一层次为前提和基础，并应能使职业工会的内部治理结构符合其具体条件和宗旨目的。而这两层调整又可体现在以下两个方面：

其一，涉及职业工会生存与运作的关键性事项只能由法律规定，或者虽在章程里有所规定但亦属于法律保留范围，故这些事项必须以法律规定为准。进

---

① 刘丹、汪秀清：《工会经费管理的现状与对策探讨》，《山西财政税务专科学院学报》，2010年第10期，第45—49页。

言之，该职业工会章程的修改、组织的变更、经费的收支使用、理事监事或会员资格的丧失等重大事项必须由会员（代表）大会决议，职业工会章程不能有与之相悖的规定。当然，自治毕竟是职业工会的本质特征，故法律的保留性规定不宜过多。其二，涉及职业工会内部组织与运行制度的绝对必要记载事项可由职业工会章程规定，但需遵守法律对其提出的最低要求；任意记载事项则由职业工会章程自行决定，法律对此不加干涉。职业工会章程所记载的事项一般可分为两种：一种是必要记载事项，另一种是任意记载事项。而前者又可细分为两类，一类为关键性事项，必须由法律规定或者即便章程有相关规定亦不可与法律相违背；另一类为绝对必要记载，这些事项一般包括职业工会设立的目的、名称、住所、会员资格及权利义务、内部组成部门及权限等方面，都与职业工会的成立或运行有重大关联，故依照法律必须完整、准确地记载到章程之上，否则不仅章程无效，而且亦会连带职业工会的设立无效。而在任意记载事项方面，法律则赋予章程以较大的自由裁量权。

（二）职业工会章程的制定、内容及修改

首先，关于章程的制定。如前所述，职业工会在欧美国家一般深受公司治理机制影响，故其章程的制定方式也体现出较深的公司模式色彩：一种是章程由职业工会发起人全体签字即生效的方式，如比利时卡车司机工会章程即是通过此种方式生效；另一种是章程由职业工会全体发起人共同制定的方式，如我国台湾地区所谓的"工会法"第11条规定："组织工会应有劳工三十人以上之联署发起，组成筹备会办理公开征求会员、拟定章程及召开成立大会。"职业工会为我国台湾地区法定的工会组织类型，故其章程的制定亦应遵守其"工会法"并通常由会员（代表）大会拟定。

其次，关于章程的内容。前已述及，职业工会章程作为保障其发展方向和进行民主决策的依据，对职业工会会员的权利义务及彼此间的关系、职业工会的整体发展规划等重要事项都将做出明确的制度安排。具体而言，这些事项大体可归为"必要记载事项"和"任意记载事项"两类。其中，必要记载事项主要包括：职业工会的设立宗旨、目的、任务、名称、住所，职业工会会员的资格、权利、义务、入退会程序，职业工会内部机构的设置、权责、任期、表决程序，职业工会章程的拟定与修改、财产的来源与使用，职业工会的终止程序，等等。必要记载事项的具体作用，主要在于：对外，使职业工会的相对人了解职业工会的基本情况；对内，使会员权益得到保障并使组织得以正常运转，从而实现职业工会的宗旨及任务。尽管必要记载事项体现了法律通过强制

性要求以实现对职业工会章程自由的限制，属于法律对职业工会内部事务的必要介入；但此种限制或介入只是通过原则性的规定来实现，也即必要记载事项的具体内容仍由职业工会会员通过法定程序自行决定。因此，可以说必要记载事项作为法律强制性规范，其根本目的是要为裁判者提供裁判依据以及节约交易成本（或者为交易提供指导性意见），而非单纯地强迫或禁止人们从事一定行为；其效果在于使职业工会自治的合法性得到加强并促使此种自我治理更有效益，而非相反。在任意记载事项方面，主要指的是法律（特别是工会法律法规）没有明文规定或者没有详细规定的，如职业工会组织机构的设置及其权责的划分等，都可以依照自治原则交由职业工会章程规定，以使职业工会组织和运转有章可循。在这一方面，最明显的例子就是职业工会除了依法必须设置的会员（代表）大会和执委会、监事会之外，还可依照章程规定设立各种专业委员会或基金。如我国台湾地区台南市电气业职业工会除会员大会、理事会和监事会外，还依照其章程设有互助金委员会、爱心慈善委员会、奖学金委员会，等等；英国职业足球运动员协会（Professional Footballers Association，简称PFA）"内部设有慈善援助基金、意外保险基金、教育培训基金、商业开发基金四项援助服务基金，目的在于通过集体融资的方式向遇到职业发展困难的入会球员提供资金支持"①。总而言之，职业工会章程可以规定一切为自身正常运转及功能发挥提供保障的、不违反法律强制性规定的事项。

最后，关于章程的修改。职业工会章程作为职业工会内部具有最高效力的行为规范，其必须为所有内部机构及会员所遵守，故对其修改必须审慎，务须遵守严格的程序。在设有职业工会组织类型的国家和地区中，对其章程的修改程序尤为重视，甚至会强制性要求章程的修改必须由会员大会决议并经绝对多数会员同意。但笔者认为，对未来我国职业工会章程的修改，应坚持宽严相济的原则：一方面，职业工会毕竟具有自治的品质，而包括订立、修改、废止自由的章程自治正是其自治权的充分体现，故法律对修改的具体事项不宜有过多干涉（如不必要求修改后的章程必须经有关部门同意方可生效）；另一方面，为确保职业工会章程的连续性、稳定性和权威性，法律亦有必要对其修改做原则性规定，如要求其修改权必须由会员（代表）大会行使，程序必须坚持绝对或一般多数决原则，内容不得有违法律的基本精神与强行性规定（如不得通过修改章程来实现改变工会一元化领导的目的）等。事实上，此种建议在我国是

---

① 周爱光、张恩利：《英国职业足球运动员工会援助服务机制及启示》，《西安体育学院学报》，2011第2期，第129-132+150页。

有一定的法律基础的。例如，我国《工会法》第 4 条规定："……工会会员全国代表大会制定或者修改〈中国工会章程〉，章程不得与宪法和法律相抵触。"《中国工会章程》第 18 条规定："中国工会全国代表大会的职权是：……（三）修改《中国工会章程》。"从这些规定来看，二者均未对章程修改的具体程序予以规定，这也充分体现了法律对工会自主权的尊重。

二、职业工会会员资格问题的劳动法调试

如果从劳动法的立法目的进行解读，那么劳动法应当是以劳动者为中心的法律规范的集合。其中，既应包括规范劳资双方权利义务关系的法律规范，也应涵盖规范劳动者与工会、劳动者与雇主及雇主组织、劳动者与国家以及雇主与国家之间关系的法律规范。特别是随着共享经济等新经济形态的兴起以及用工方式的不断变化，劳动法的内涵与外延均应进行与时俱进的扩充。

众所周知，劳动法从体系上划分大致可归为两类：一为个体劳动法，其是以劳动者个人与用人单位的劳动合同为基础发展建立的法律关系的法律规范；二为集体劳动法，其是以工会与单个用人单位或用人单位团体间法律关系或者工会与其会员间法律关系为基础的法律规范，以工会法、团体协约法、劳资争议处理法为主要内容。这两类劳动法具有不同的立法目的，且各类中的劳动单行法（包括行政法规、地方性法规及部门规章等）也比较多，故各单行法关于适用时空、条件、规范手段、适用对象或责任承担方式的规定有所不同亦为理所当然。只是，由于个体劳动权为劳动者的核心权利，而集体劳动权是为保障个体劳权的实现而设置的保障性权利，故同一权利主体的概念范围在《劳动合同法》等个别劳动法上应是最基本和最核心的，而在《工会法》等集体劳动法上则应更为广泛。然而，将劳动法体系中的两大范畴加以区分在理论上似可说通，但这同时也带来了一个现实问题：如果要求法律承认同一权利主体在集体劳动法上具有特殊的概念范围，那么当前我国是否具有坚实的集体劳动法制基础？对此，可做如下答释。

由于集体劳动法乃是为修正、补救个别劳动法之不足而产生的。故其产生和存在的目的，在于推动劳资双方在劳动条件上达成共识，来弥补单个劳动者力量上的不足与弱势，以在实现劳动者人格自主性的同时使劳动条件能够稳中求进。这一点已是理论界与实务界的共识，并已为立法者所接受（否则就不会有《工会法》和《劳动合同法》第五章第一节的制定）。具体到本书，灵活就业群体具有两个共同的特征：一是并不强调技术的稀缺性，二是这些职业群体内的工作岗位大部分都具有可替代性，这就意味着在当前就业不充分的形势

下,他们在劳动力市场上的"议价"能力处于较低水平。因此,就需要通过增强"结社力量"对他们的集体性、趋同性的利益加以保护,[①]即要通过建立工会组织通过集体协商、签订集体合同的制度方式,以团体意志的形式将劳务提供者的个人意志表现出来。基于这一理论设想,近年来,我国集体劳动法制建设取得了长足的发展,突出表现为《工会法》的内容愈加完善。集体协商和集体合同制度继写入《劳动法》后又正式成为《劳动合同法》的专门章节,全国厂务公开协调小组成员单位于2012年颁布了《企业民主管理规定》,各省级行政区域和部分地市州也相继进行了劳动者民主管理和集体协商立法。在这些法律法规规章中,工会作为劳资民主管理制度的主要主体和集体合同劳动者方当事人的地位得以确定,并规定了不当劳动行为的救济程序。由此可见,集体劳动法在我国劳动法体系中的地位正在不断得到提升,并在事实上已经表明自身拥有不同于个体劳动法的调整对象和范围。

综上,我国劳动法体系的明确和集体劳动法的发展,既已为保护劳动者的集体劳动权、实现劳资关系的相对平衡奠定了基础,那么劳动法应当进行相应改革,进一步提升集体劳动法单行法的法律地位,赋予明确条款及相应的法律权威。具体而言,可对《工会法》第3条和《中国工会章程》第1条等涉及工会会员资格的条款予以修正,正式摈弃以"成立劳动关系"为标准认定工会会员资格的做法,从具体的条款层面厘清集体劳动法与个体劳动法之间的界限;在此基础上,为进一步明确集体劳动法上"劳动者"的判断标准,以在为新就业形态劳动者工会会员"合法性"扫清制度障碍的同时,促使两大劳动法范畴尽快形成各司其职、各尽其责但又相互配合、有机结合的良好局面。

三、职业工会克服自治过度之他律规制

(一)他律对自治的重要性

"自律是行为主体的自我约束。"[②] 对于职业工会这一行为主体来讲,完善的自律机制作为实现其自治功能的重要条件,将比政府管理更有效率,比社会监督更具组织性和制度性。"制度化自律不仅意味着自律成为少数高尚者的自

[①] 赵小仕:《转轨期中国劳动关系调节机制研究》,北京经济科学出版社,2009年版,第216页。
[②] 周志忍、陈庆云主编:《自律与他律——第三部门监督机制个案研究》,浙江人民出版社,1999年版,第273页。

觉行动,更重要的是使自律成为多数理性经济人在外界约束下唯一理性的选择。"① 具体到职业工会,由于其会员组织基础相较于其他工会组织类型而更为灵活、分散,这就意味着其于创立初期,道德化自律必将起到主要的监督作用:这个时期,尽管有自治章程的存在,但领导者的个人魅力对职业工会的建立与初步发展的影响还是很大,事业心、责任感和使命感构成了职业工会管理层自律的全部内容。然而,职业工会作为社会组织终究是要走向制度化和规范化,因此适用于初创期的道德化自律很快便会显露出可持续性差的弊端。其突出表现就是:职业工会管理层难以长期保持高标准的道德自律要求,且事业心和责任感的个人差异化也使得管理层的自律变得极不稳定。由此可知,道德驱动的自律显然无法持久,制度化才应是职业工会自律所努力的方向;而制度化自律的形成与作用发挥,又离不开完善的他律机制提供保障。一套完善的外部监督机制与职业工会自治互相配合、共同发力,可以使职业工会在规范化、制度化的轨道上稳定发展。

(二) 司法监督:职业工会外部监督的具体途径

职业工会成立后,其行为不免会与其会员或者其他法律主体产生各种关系,而当后两者的合法权益受到职业工会行为的侵害时,当然有权通过诉讼等司法途径来救济自己的权利。因此,所谓司法监督即是通过此种司法救济来形成对职业工会的外部监督。

其一,行政诉讼。职业工会的特点使其与成员之间产生了各种关系,主要包括涉及结社权利义务的宪法关系、涉及法人组织与成员权利义务的民事法律关系以及职业工会接受政府委托对其成员实施公共管理(如代收代缴社保费用、代为开展企业新型学徒制培训)或者职业工会代表其会员参与政府决策和社会治理(如参与网约车司机准入制度的制定)时所产生的行政法律关系。而又由于职业工会的权力主要来源于法律授权、会员契约赋予和政府委托,故职业工会的行为并非都能引起行政法上的责任。例如,尽管契约性权力也会对会员产生强制力,但这种权力本质上只是内部纪律的体现,并不会产生行政法问题;而只有职业工会所行使的权力来自法律授权或政府委托时,职业工会方有可能承担相应的行政法上的责任。

然而,各国法律对这种责任的调整又因法律传统的不同而不同。在英美法

---

① 周志忍、陈庆云:《道德驱动的自律与制度化自律——希望工程公共责任和监督机制研究》,《中国行政管理》,2001年3期,第10—14页。

系国家，是某组织所行使权力的性质而非该组织的主体性质，决定了其组织行为是否被纳入行政诉讼的受案范围。换言之，只要某组织行使了对公共性事务进行管理的公共权力，那么行使此权力的行为就属于司法审查的范围，至于该组织的性质则在所不问。英美国家的判例也佐证了这一点，"行业组织的公共管理行为被作为行政行为来要求，如规定其应遵循正当程序，应接受司法审查"①。与之相反，大陆法系国家或地区则是以该组织的性质或行政主体地位来决定行政法是否可以调整其行为。如哈萨克斯坦的《社会团体法》规定，社会团体如有破坏宪法法律，或者多次从事超出其章程规定之目的与任务之行为，法院可以根据公民的投诉，中止该团体活动三到六个月。在此期间，如该社团没有再违反宪法及法律，则其活动于中止期结束后即可恢复；反之，则公民有权要求法院予以取缔。② 我国台湾地区的工会（包括职业工会）有时也被作为公法人对待，其行为引起的纠纷会被作为行政诉讼案件处理。如依其法律规定，各职业工会每月向会员收取的劳保费，如未依劳保条例规定期限汇缴至劳保局，其所属会员申请各项给付将遭暂行拒绝给付，对所属会员权益影响至巨。

其二，民事诉讼。职业工会的会员或者其他法律主体，如其合法权益遭受职业工会的侵犯，则利益受侵犯者有权提起民事诉讼以实现权力救济。例如，我国台湾地区所谓的"工会法"第33条规定：工会会员大会或会员代表大会之召集程序或决议方法，违反法令或章程时，会员或会员代表可以于决议后三十日内，诉请法院撤销其决议。但出席会议之会员或会员代表未当场表示异议者，不得为之。法律之所以有如此规定，是因为职业工会自治行为所带来的最大风险，即为产生垄断或限制竞争的可能。近年来，随着工会力量的壮大特别是对劳动力市场和产业发展的影响力的快速提升，反不正当竞争法和反垄断法是否适用于工会以及如何适用的问题逐渐成为学界的热门话题。在崇尚自由竞争的美国，从严规制市场主体的竞争行为，加大在信息交换、标准认证和集体抵制方面产生垄断或不正当竞争问题的惩治力度；而深受公司文化影响的美国工会（包括职业工会），亦会面临其"谢尔曼法"等法案的严格规制。③ 具体到我国，由于职业工会具有极强的职业特性和专业能力，故在劳动力市场信息交换、职业标准制定、职业技能培训方面亦有可能产生限制竞争的问题，故工

---

① 胡建淼编：《外国行政法规与案例评述》，中国法制出版社，1999年版，第446—447页。
② 黎军：《行业组织的行政法问题研究》，北京大学出版社，2002年版，第177页。
③ 钱箭星：《反竞争性的扩展：经济全球化潮流中的美国工会》，《中共天津市委党校学报》，2012年第2期，第54—59页。

会法和民事诉讼法应当针对这一情况进行条款改革,在职业工会或其他社会组织实施此类行为时允许权益受侵犯者提起专门的民事诉讼。

综上,由于职业工会自治权本身的局限性,故将职业工会置于国家权力的监管之下是合理的,也是十分必要的。但是,自治终究是职业工会的本质属性,因此在设置关于职业工会的外部监管制度时,必须注意把握和体现其自治权与国家权力之间的平衡。由于司法监督本质上属于消极性权力,不仅其启动权是由利益相关者自行决定是否行使,而且一旦启动司法程序后,整个司法权的运作将基本保持公正公开的状态,因此,这样的权力对职业工会资质的介入显然危险性和破坏性都是最小的。也正因为如此,"在国家权力的各个分支中,司法权被西方称为危险最小的权力"[①]。鉴于此,我国未来如能引入职业工会制度,则可考虑在进行相应的立法设计时以司法监督作为职业工会外部监督的主要方式,以使职业工会自治权得以在法制轨道上健康、有序地行使。

综上所述,新就业形态劳动者权益保障不足的根源,在于话语权缺失;而其话语权之所以得不到实现,则在于未有合适的工会类型来履行维护之责。因此,如何借当今工会改革之东风确立职业工会作为新就业形态劳动者利益代言人和维护者地位,应是其具体建构所需解决的首要问题。对此,应明确职业工会在现代社会中所扮演的政府与用工主体合作者、社会治理参与者以及职业规范发展推动者的角色,并从内外两个角度进行具体建构:在内部设置上,首先应明确经济新形势下新就业形态劳动者(特别是不具有传统劳动关系的那部分)为职业工会服务对象,并赋予其直接选举或罢免等方面的权利及相应义务;在此会员基础上,建立不同于现有工会的"等腰三角形"组织架构,特别是要设立专门的监督机构以有效维护机构运转秩序;同时,明确职业工会的经费主要来源于会员缴纳、自营事业收入、提供职业培训等有偿服务及地方总工会的财政支持,而不再接受政府或企业的资助,以保持自主性。在法律环境塑造方面,不但要厘清《工会法》与《工会章程》之间的关系,明确不与立法精神相违背的章程为职业工会的最高行为准则;而且还要通过对《工会法》的修改,赋予不具有传统劳动关系的新就业形态劳动者以会员资格。此外,应在充分考虑自治过度对自治权行使的危害的基础上,主要通过司法途径对职业工会进行有效的监督与规制。

---

① 苏西刚:《社团自治权的性质及问题研究》,《行政法论丛》,2014年第1期,第144—157页。

第五章　特定职业领域职业工会建构的探索

从职业篮球运动员讨薪，到网约车司机、快递、外卖小哥的集体争议，无不表明我国集体劳动关系已逐渐呈现出职业类型化的特点。相较于传统意义上的集体劳动争议，职业特征明显的案件虽然绝对数量不多，但由于其涵盖的劳动者大多属于高技能、高学历甚至涉及公权部门的群体，故在网络资讯发达的今天，其社会影响面甚广，处理不当的后果也会更为迅速地放大发酵。在这一背景下，是否需要我们未雨绸缪，积极探索对我国现行工会体制和职能进行法律层面的改革？是否需要逐步建立起能够代表特定职业劳动者群体利益的职业工会，以尽量缓解该类型的劳资矛盾，进而有效调整劳动关系？如果需要的话，那么建立职业工会所面临的基本问题、现实难题又是什么？建立职业工会是否是我国工会组织的发展方向之一？这些都已成为我国在不断完善工会法律制度、规范劳动关系和推动社会和谐发展的过程中，所需研究的重要课题。在本章，我们将以职业运动员和网约车司机两类职业特征明显的群体为例，探讨职业工会制度在现实中的建构必要性及重要作用。同时，本章也将探讨职业工会在培育工匠精神等新时期工会重要工作中的独特作用。

第一节　我国建立职业球员工会的简要论证

随着《关于加强和改进职业足球俱乐部劳动保障管理的意见》（人社部发〔2016〕69号）的颁布实施、中国男子篮球职业联赛（CBA）联赛办公室关于拟成立CBA球员工会方案的提出，以及"唐正东转会""深圳红钻队员足协杯讨薪"等体育领域劳资纠纷事件的频繁发生，各界关于在足球和篮球领域建立职业工会以保障球员权利的呼声逐渐高涨。但在劳动法中纳入职业球员工会制度，需要综合考虑我国职业体育发展的整体水平，并对当前"两大球"经营管理体制改革的复杂性和艰巨性有清醒的认识。因此，将职业球员工会制度纳入劳动法，须对其建立的时机与实效进行充分论证，进而审慎地选择并科学地设置运行机制。

一、我国职业球员工会建立时机的论证

（一）中央的文件精神提供了政策基础

《国务院办公厅关于加快发展体育产业的指导意见》（国办发〔2010〕22号）要求，要"提高体育社团自我发展、自我管理、自我服务和自律规范的能力"；《国务院关于加快发展体育产业促进体育消费的若干意见》（国发〔2014〕46号）规定，要"加快推进体育行业协会与行政机关脱钩，将适合由体育社会组织提供的公共服务和解决的事项，交由体育社会组织承担"；2016年5月5日，由国家体育总局发布施行的《体育发展"十三五"规划》指出，将"研究制定体育社会组织改革相关政策，大力引导、培育、扶持体育社团、体育民办非企业单位、体育基金会等体育社会组织发展，创新体育社会组织管理方式"。此外，2015年2月27日在中央全面深化改革领导小组第十次会议上审议通过的《中国足球改革发展总体方案》，要求从明确定位和职能，调整组织架构，优化领导机构、健全内部管理机制和协会管理体系等方面对中国足协进行改革，这就为建立与之相对应的职业足球球员工会奠定了基础；而国家人社部等四部委联合发布的《关于加强和改进职业足球俱乐部劳动保障管理的意见》（人社部发〔2016〕69号）更是明确指出："各地要引导俱乐部依法建立工会组织，积极支持工会组织开展活动，发挥工会在组织动员球员与俱乐部共建和谐劳动关系方面的重要作用。要建立健全俱乐部与工会组织、足球协会与行业工会的协商对话机制，畅通球员等劳动者表达意见建议的渠道，依法开展集体协商签订集体合同，合理确定劳动报酬、保险福利、工作时间、休息休假、履行集体合同发生争议时的协商处理办法等涉及球员等劳动者切身利益的重大事项，引导球员等劳动者依法理性表达意见和诉求。"上述文件的颁布实施，为职业球员工会的建立奠定了坚实的政策基础。

（二）国外的成熟经验提供了参照基础

职业球员工会并非是一个固定的名称，在西方国家通常叫作"球员工会"或者"职业运动员协会"。其中最著名的有美国的NBA球员工会（NBPA）、英国的职业足球运动员协会（PFA）等。其中，NBA球员工会由波士顿凯尔特人队的球员鲍勃·库西在1954年发起成立，是北美四大职业运动联盟中成立最久的工会组织，其宗旨为最大限度地维护职业球员在场内外的利益；而职

业足球运动员协会作为英国历史最悠久、知名度最高,且为英国法律、政府机构以及行业组织唯一承认的职业运动员工会,拥有英国99%以上的职业球员和职业联盟的实习球员,其以球员权益服务为宗旨,主要履行着代表球员利益与英足总、俱乐部联盟进行行业集体谈判的职责。

在现代市场经济国家,职业球员工会在维护和争取职业球员权益、协调所在领域劳动关系以及促进相关体育产业现代化、职业化、市场化等方面,发挥了巨大作用。如NBA球员工会通过数十年的艰难斗争,终于为会员争取到了更多的话语权和福利,特别是在"管理和培训球员的代理人,通过球员工会的各个机构为球员提供各种帮助,监督和协商球员退休金和保险金的相关事宜,为球员在突发事件中提供专业的安全保护措施,协助组织慈善事业,参加各种社区活动,帮助球员在场内和场外塑造良好的形象,与NBA就劳资问题进行谈判,制定集体议价协议"等方面发挥着不可替代的作用。① 而英国职业足球运动员协会也是"主要通过集体谈判,保障、改善、协商所有职业球员的工作条件、劳动权利及谈判地位",并"随着英国社会劳资矛盾的缓和,PFA开始注重挖掘工会内部服务潜能,以期通过经纪代理、教育培训、赞助慈善、财务援助等服务项目全面有力地保障球员的职业劳动权益"②。

当然,成熟市场经济国家的职业球员工会的创制之路并非一帆风顺,例如,"美国职业棒球联盟的球员工会从1885年的兄弟会历经近70年最终才在1954年成立了球员工会并一直持续到现在""澳大利亚的职业足球联盟、板球联盟中,球员也都经过不懈努力,经历了数次起伏才形成今天的成熟的球员工会"。③ 但从整体来看,职业球员工会在处理球员待遇和转会规则等问题方面,发挥的作用日益增大,其国际化趋势也愈加明显。毕竟,"这些紧贴球员职业需求的工会服务更能帮助球员快速适应和充分享受竞争激烈的职业足球生涯,获得更多的职业安全感"④。

(三) 当前的劳动关系现状提供了现实基础

近年来,随着我国市场化改革的深入和社会转型的加剧,我国的劳资关系

---

① 王裴、丁世青:《NBA和中国劳动关系》,《现代商业》,2014年第9期,第39页。
② 周爱光、张恩利:《英国职业足球运动员工会援助服务机制及启示》,《西安体育学院学报》,2011年第2期,第129-132+150页。
③ 贾珍荣:《对CBA球员工会发展的思考》,《体育成人教育学刊》,2016年第4期,第91-94页。
④ 周爱光、张恩利:《英国职业足球运动员工会援助服务机制及启示》,《西安体育学院学报》,2011年第2期,第129-132+150页。

也发生了结构性的变化。在体育领域内，因欠薪、转会等因素导致的劳资纠纷也时有发生，这表明了近年来我国体育领域内的劳资关系已有待进一步的协调。这多与两方面的因素有关：一是市场化程度比较低，劳动关系各方主体的权利和义务设置不明确，具体运行过程也背离市场经济的运行规律；二是我国体育运动方面的立法和解决纠纷机制滞后，其暴露出的中立性缺失、滞后性明显和操作性差等特点，是导致职业俱乐部经常拖欠运动员工资、资方对运动员的人格价值重视不够等现象的重要原因，不但使体育运动事业的发展受到严重影响，同时也使得该领域劳资关系的改革重心需要逐渐从经济层面深入到体制层面。"在职业体育的劳资关系模式中，俱乐部、球员、球员工会等要素直接决定着劳资关系的状况，而劳资关系状况好坏又是决定联赛能否良好运行的一个最直接、最根本的因素，这一点实际上已有不少事例可以佐证。劳资关系良好时，职业联赛会进行得很顺畅，一旦关系紧张或恶化，联赛就会面临危机甚至停摆。"[①] 如果这些职业体育劳资纠纷如果得不到及时公正合理的解决，不仅容易因对运动员或运动队的不公而引发集体性事件，同时还将使观众失去对竞技体育的信心和兴趣，从而影响体育产业的健康发展。

在这一背景下，职业球员工会对化解劳资矛盾、维护职业体育界劳动关系和谐稳定的重要作用，应当受到应有的重视。进言之，职业运动员作为普通劳动者的一员，往往需要通过博弈而不是自我实现的方式去获取权利。因此，鉴于职业体育广泛的群众性和巨大的社会影响，解决职业球员工会的创制问题，对于推动我国体育改革的深入发展，维护我国劳动关系乃至社会整体的和谐稳定，具有非常重要的现实意义。

二、我国职业球员工会建立实效的论证

（一）对我国加快体育产业发展影响的论证

职业体育具有极强的商业性，而在备受国人瞩目的 CBA 联赛和中超联赛中，作为其成员的俱乐部"无论从其所生产的赛事服务产品的特性，或是从市场经营管理上分析，职业体育联盟都具有服务型企业生产与经营的特性，是一

---

① 黄卫、王亚男：《从劳资关系视角分析我国职业体育》，《第一健身俱乐部·理论研究》，第 2010 年第 4 期，第 8—10+14 页。

个典型的服务型企业"①,具有实现利益最大化的根本诉求,这也是职业体育领域内劳资双方因经济利益的对立而形成劳动纠纷的根本原因。

但对立并非必然带来激烈的斗争。相反,在职业体育运行的过程中,劳资双方经常呈现出协作的样态。以美国 NBA 为例,作为美国四大体育职业联盟中最有名的一个,NBA 现有 30 支球队(俱乐部)和数百名职业球员,并于每年都会选出 60 名新秀加入。NBA 的所有球队(俱乐部)均为私营,俱乐部或球队老板负责俱乐部经理、教练员和运动员的聘用,比赛场馆的建造或租借,门票和比赛转播权的销售,以及俱乐部日常运营的经济决策等事项。因此,可以说"NBA 体育比赛实际上是一种市场经营行为,要保障这一市场经营行为的正常运转,唯有俱乐部和球员间的'责、权、利'要均衡,也就是资方与劳方的'责、权、利'要均衡"②,"正是这种'均衡',使得代表世界最高水平的 NBA 大联盟经过近半个多世纪的发展完善,它的影响遍及世界"③。这种"均衡",又是通过 NBA 联盟和球员工会(NBPA)通过集体谈判而达成的集体协议(Collective Bargaining Agreement,简称 CBA)来体现的,因此可以说,其职业球员工会对于实现劳资协作,进而推动 NBA 的整体发展发挥着相当重要的作用。

美国 NBA 球员工会与球队老板之间的这种蕴含着"制衡与合作"理念的协作,其产生还有着更深层次的原因:劳资双方的力量对比应在总体上呈现出动态协调的状态,一方力量过于强大,则必然会导致劳动关系的动荡,并产生市场垄断的严重后果。由于劳动关系是一种具有特殊性质的社会关系,劳资双方具有高度的互补性,如果职业体育领域产生不合理的市场垄断,那么将不仅是职业运动员受到伤害,同时还将打击到产生垄断的俱乐部。如此一来,"联盟就无法生产出高质量的产品甚至停产(停摆)。作为'初级产品'的比赛一旦其生产和销售不畅,必然导致球队以及球员的肖像权等由'初级产品'衍生来的'二次、三次商品'也将失去市场份额"④,这对体育产业的发展将是致命性的。

因此,从正反两方面看,职业球员工会通过动态的劳资协作,对于推动俱

---

① 黄胜、黄继珍、张保华:《职业体育联盟的特性分析》,《首都体育学院学报》,2011 年第 3 期,第 200—203 页。
② 朱新开:《谁来保护运动员》,《体育博览》,2003 年第 3 期,第 14—15 页。
③ 梁汉平:《美国职业篮球联盟劳资关系均衡机制》,《贺州学院学报》,2011 年第 3 期,第 127—131 页。
④ 贾珍荣、王斌、吉家文:《NBA 停摆事件的反思与启示:一个三方机制的视角》,《天津体育学院学报》,2012 年第 4 期,第 325—328 页。

乐部（或俱乐部联盟）致力于实现劳资双方事项共谋、机制共建、效益共创、利益共享的目标，进而促使劳资双方共同为体育产业良好的投资与运作环境、拉动体育消费提供基础保障，具有重要的推动意义。

（二）对职业体育劳动力市场产生影响的论证

现代市场经济条件下，作为职业体育市场的重要生产要素，职业球员所在的劳动力市场（下称"球员市场"）也是按照市场运行规律对劳动力资源进行调节配置的平台。以开展集体谈判为主要手段的职业球员工会，在其中可以起到巨大的作用。

以欧洲职业体育领域的经验为例，职业球员工会为维护其会员的权益，通常会采取与职业体育联盟开展集体谈判的手段，改变后者针对职业体育联赛所制定的不合理制度或规则，以此来影响球员市场的变动。例如，英国职业足球运动员工会主要会通过集体谈判，代表职业球员集体利益与英足总、职业联盟以及俱乐部进行交涉，"就职业球员劳动待遇达成集体协议，并报英足总和英国劳动行政部门备案生效。一旦劳资双方集体谈判失败，球员工会将被迫采取罢赛、罢训等极端对抗手段胁迫职业俱乐部联盟做出妥协。为避免两败俱伤的不利局面出现，劳资双方都会尽量做出妥协，实现双赢。事实上，英国职业足球运动员正是通过球员工会领导的集体谈判，才获得了日益提高的劳动地位与不断改善的工作条件，甚至有权参与职业联盟电视转播收入分成"[1]。除此之外，英国职业足球运动员工会还会"向球员提供各项福利待遇，主要包括球员养老金计划、球员职业基金援助、优秀实习球员培训、球员经纪代理服务、职业疾病康复诊疗、退役球员就业指导。不难想象，英国职业足球运动员工会这种内外结合的援助服务内容几乎覆盖贯穿了球员职业生涯的全部过程，最大限度地保障了职业球员的劳动权益"[2]，从而使英国的职业足球运动员市场在实现合理流动的同时，也保持了相对的稳定。这对我国通过以集体谈判为主要手段，来实现劳资双方力量动态的均衡，进而构建健康的球员市场，具有很强的借鉴意义。

一方面，我国职业球员工会可以开展集体协商的主要手段推动"市场调节工资"，进而推动球员市场逐渐成熟。特别是当前职业球员个人素质和权利意

---

[1] 周爱光、张恩利：《英国职业足球运动员工会援助服务机制及启示》，《西安体育学院学报》，2011年第2期，第129-132+150页。

[2] 周爱光、张恩利：《英国职业足球运动员工会援助服务机制及启示》，《西安体育学院学报》，2011年第2期，第129-132+150页。

识不断提升，其对利益分配的要求也逐渐更高。球员的收入呈现两极分化状态，但因竞技体育职业的特殊性，使其在工作生活待遇方面也承担着直接的压力。基于体制、经济等现实因素的考虑和权衡，职业球员一直有着较强的维权欲望，对所在球队（俱乐部）对其经济性权利的维护异常敏感。职业球员工会的建立和完善，正是通过制度化满足球员诉求，减少球员市场的不合理波动。也正因为如此，"根据中国足协几年前进行的一次对成立球员工会的调查，90％以上的被调查球员都在'需要'上画了勾"①。

另一方面，未来我国成熟完备的球员市场，又可以成为实现"市场调节工资"的基础性前提。而属于职业球员工会主要职责的集体协商，也正是有利于劳资双方"进行成熟而理性博弈"的双赢行为：其一，通过集体协商，既可以提高俱乐部的利润水平和竞争力，又可以降低职业球员的流失率，提高职业球员的实际收入水平与社会保障水平；其二，职业球员工会可以针对球员对于工作环境、社会福利保障、工资支付等方面的需求具有"务实性"和"一致性"的特点，代表球员与俱乐部进行集中协商、签订统一的集体合同，以降低逐个谈判的成本，节约交易费用，这对于化解俱乐部和职业球员双方矛盾和提高双方效用极具正面意义。这样的工会，也必将对职业球员具有强大的吸引力，从而对恢复球员市场活力和实现相对稳定产生积极的促进作用。

（三）对社会稳定影响的论证

经济全球化使得职业竞技体育领域内的劳工标准不断提升，建立职业球员工会正是在这一背景下的调适。建立职业球员工会的目的，除了保障职业球员和权益外，更多的是为了促进本领域劳资双方以制度化和动态化的方式解决彼此间的矛盾，以最大程度降低罢赛、示威甚至骚乱等激烈行为对劳动关系的冲击。根据成熟市场经济国家的经验，职业球员工会通常会因其具有制度化和可动态调整的特质，而使领域内劳资矛盾得到了有效的缓解。特别是在英、美这种职业球员工会制度已经相当成熟的国家，其虽时有罢赛、"停摆"等从表面上看劳资对抗非常激烈的事件发生，但由于其职业球员工会通常都会运用已经高度制度化的集体谈判等手段来表达和解决诉求，故其劳资纠纷虽频发，但总能在一个可控的制度化轨道上得以最终解决，从而反倒可以使相关的体育产业能够在不断修正中健康发展，而并不会对社会稳定产生实质性的影响。

---

① 《集体合同签订覆盖1亿6千多万职工，2011年达80％以上》，中国网，http://www.china.com.cn/gonghui/2010-06/08/content_20211060.htm，2010-06-08。

之于我国，基于劳资关系在根本利益上具有一致性，故更应引导劳资双方通过各自的代表组织，在法治化的制度平台上，通过集体协商等市场经济条件下的通用手段，自主协调双方的具体利益冲突。无论在哪个职业领域，秩序和效率都是法的基本价值。从立法和司法层面创制职业工会制度，将会使职业体育领域以及受其影响的社会其他领域的基本秩序与运行效率得到充分的维护。换言之，推动建立职业球员工会，不仅是化解领域内劳资矛盾和实现劳资和谐的上选之策，同时也是当前我国劳资关系在总体上合作多于冲突的现实反应。当然，职业体育领域内劳资纠纷在近年来确有逐渐增多的趋势，但这只是传统体制下劳资矛盾长期不能得到有效处理和行政化思维惯性所产生的必然现象，不能因此否定和谐劳资关系将会成为主流的基本判断。随着市场经济体制的确立，职业体育领域改革也将逐渐深入，以俱乐部为基本单位的主体将会成为体育市场的基础，其劳动关系的稳定程度，将直接影响着整个职业体育领域及其所涉及社会领域的稳定程度。

当然，不可否认的是，职业体育数十年来的发展，确实充斥着权力和利益的斗争。但随着"市场""民主"和"法治"等现代理念逐渐深入人心，业内劳资双方也愈加希望以制度化的平台和手段来解决彼此间的纠纷，而建立职业球员工会正是这种平台与手段的重要组成部分。工会将球员团结起来，一方面，既整合了原本分散的个人力量，推动了集体共识的产生；另一方面，通过集体谈判等现代化手段协调了劳资双方的分歧，保证了相关体育产业和各俱乐部因劳资的合作共享而拥有充足的发展动力。因此，职业球员工会法律制度的确立，不仅是球员行使团结权的积极表现，同时更是实现社会自治和社会公平的重要途径。

三、我国职业球员工会制度具体设计的建议

通过以上论证，笔者围绕"维护球员权益、稳定劳资关系"的总体目标，对我国职业球员工会制度的具体设计提出建议。

（一）正确理解法律法规有关规定

建立职业球员工会是有着明确的法律法规规范作为前提。严格来讲，《工会法》和《劳动合同法》这两部规范我国工会组织和劳动关系最重要的法律，并非对职业工会持完全忽视的态度。例如，《工会法》的第11条第1款规定："企业、事业单位、机关有会员二十五人以上的，应当建立基层工会委员会；不足二十五人的，可以单独建立基层工会委员会，也可以由两个以上单位的会

员联合建立基层工会委员会，也可以选举组织员一人，组织会员开展活动。"《劳动合同法》第53条规定："在县级以下区域内，建筑业、采矿业、餐饮服务业等行业，可以由工会与企业方面代表订立行业性集体合同，或者订立区域性集体合同。"鉴于球员的职业类型特点非常明显、职业集中化程度很高，故前述条款的"行业"也可以做"职业"来理解，即在我国特殊的法律语言背景下，球员行业工会即为"职业球员工会"。此外，我们还应对我国《宪法》第35条、《工会法》第3条以及散见于各省份地方性法规的相关规定进行客观、全面、理性的理解。因中国工会是中国共产党领导下职工自愿结合的工人阶级的群众组织、国家政权的重要的社会支柱以及会员和职工利益的代表，故只要职业球员工会是在党的领导下，合法地维护球员群体的利益，并为促进职业体育领域劳资关系和谐发展发挥着正面作用，那么该工会就是合法有效的。

因此，从严格意义上来讲，我国建立职业球员工会并非"于法无据"，而是已经通过规范性文件间接地提供了法律支持。当前要做的，一是要充分利用现行体制赋予的政治资源，通过全国总工会和各级地方总工会的努力提高职工特别是职业球员在各级人大中的比重，不断提高工会界人大代表参与立法的作用；二是要在现行法律法规规定的基础上，对其条款进行调整、细化甚至适当突破，使之更贴近职业球员对工会的实际需求；三是要对职业体育（特别是足球、篮球）领域劳弱资强的现实有足够的认识，督促协调各相关部门加强合作，特别是要赋予劳动行政部门对职业体育领域的执法和监督的权利，促使各俱乐部及其联盟正确行使经营管理自主权，逐渐形成劳动关系各方集体协商的长效机制。

（二）科学划定政府效用边界

现代市场经济条件下，政府对劳动关系及其各方主体的运行本应当起到间接调控的作用，由内部规范转为外部协调。因此，在为建立职业球员工会积极争取外部支援的过程中，还必须清晰定位政府的角色，科学划分其发挥效用的边界，以避免其从介入不足的极端走向过分干预的极端。具体而言：

第一，清晰定位政府的角色。政府应始终秉持合法合理、社会自治和契约优先的原则，一是要依法行政，严格遵守法律法规对政府干预职业球员工会的职权、范围、作用和运行方式的规定，防止滥用职权；二是要在坚持个人、集体、社会和国家"各司其职"的基础上，切实做到职业球员工会独立承担本应由其独立完成的事务，政府只是提供"查缺补漏"的辅助者作用；三是要在坚持规范劳动关系必须以市场机制为前提的基础上，明确区分"球员个人与俱乐部之间签订的劳动合同"和"职业球员工会代表球员与俱乐部或者俱乐部联盟签订的集体合同",督导各自遵守相应的法律法规规定,从而充分发挥两种劳动契约在证明劳动关系、调适各方行为和解决劳资纠纷等方面的作用,通过强调契约优先,推动经济自主在职业体育领域中的实现。

第二,正确发挥政府的作用。这就要求政府只能有限介入劳动关系,即在防止和应对解决劳动关系过分失衡的过程中,发挥有效的协调与保障作用。申言之,政府一是要在法律规定的范围内,通过搭建的对话协商平台,帮助职业球员工会与资方采用规范化的手段解决共同关心的问题,积极推动在劳动关系领域实现社会自治;二是要推动对现行体育管理体制和运作机制的深入改革,帮助职业球员工会参与解决球员管理体制僵化、劳动报酬常被拖欠、转会机制滞后、体育产品销售收入分配不公等难题,并搭建统一的球员市场信息平台,来降低职业球员的就业成本,促使职业球员正常流动,以推动职业球员劳动力市场尽快发育成熟;三是要重视球员个人权利的保护,一方面要通过职业球员工会的建立,以法律形式明确赋予球员相对完善的团结权、谈判权和争议权,另一方面还要重视为职业球员提供基本公共服务,特别是要联合职业球员工会共同解决退役球员的再就业、技能培训、社会保障等问题,切实解决职业球员的后顾之忧;四是要在现行政治体制框架内,在帮助职业球员工会增强代表性的同时,还要通过法定的监督机制促使其主动履行职责,以强化球员归属与认同,从而推动职业球员工会自身的现代化与规范化建设。

(三)坚持"一个前提、三个原则"

"一个前提"是指应充分尊重现行体制框架,即要坚持"党的领导+国家主导"的前提,在此基础上对劳动法律的基本精神和具体条款做适当的与时俱进的理解与修正。"三个原则"是指:一是要遵循"分步走"原则,即要敢于适当突破现行法律关于只能在县级及以下建立行业工会(职业工会也是一种特殊的行业工会)的规定,先行建立省级和地市级的职业球员工会,其主管单位均为同级的地方总工会,条件成熟时再设立直属全总的全国性职业球员工会;二是要遵循"试点先行"原则,可先在社会影响大、职业化程度高的足球和篮球领域设立职业球员工会,试点成功后,再视必要在其他规模较大且职业化高的竞技体育项目领域内设立职业工会;三是要遵循"有区别独立"原则,明确规定"上下级职业球员工会之间相对独立、职业球员工会相对于俱乐部及其联盟完全独立",以保证各级职业球员工会之间既可以实现信息互通以弥补下级工会可能的专业或能力不足,又可以防止上级工会对下级工会的具体事务进行干涉，同时还可以防止俱乐部及其联盟对工会的不当干预，以避免"行政化"惯性。

（四）应具有不同于传统工会的特点

首先，要有明确的会员资格，即职业球员工会的会员必须满足拥有公民权、年满十六周岁、完全符合本项目领域的职业特点和主要依靠自己的劳动获取报酬这四项基本条件，以及"绝对不能是俱乐部及其联盟管理层的组成人员"这一特殊条件。其次，有严格的领导者产生机制。主要包括：一是职业球员工会的主要负责人应由会员或会员代表以差额选举的方式无记名投票产生，其省级及以上职业球员工会领导人由下一级职业球员工会选派代表选出，地市级及以下职业球员工会领导人组织本行政区域内的所有会员投票选出；二是上级职业球员工会和各级地方总工会均不得干预下级（或同级）职业球员工会的选举过程，但选举出来的领导人应报同级地方总工会备案；三是有合法合理的经费来源，即要改变现行的"工会经费主要依靠用人单位的工资总额划拨和上级工会支持"的做法，明确规定职业球员工会的经费应主要来源于所属会员的缴纳、地市级及以上地方总工会的划拨、经由民政部门备案的社会募捐等三个方面，以增强职业球员工会财政上的相对独立性。

（五）多方位保障球员的基本权利

我国职业球员工会的职能，应以规范集体劳动关系为主，并包含教育、培训、福利等多项内容。

第一，应保障球员规范行使谈判权。为此，一是要在建立职业球员工会的同时，培育与之相对应的、有长期稳定性和广泛代表性的职业俱乐部联盟作为雇主组织代表，为有效地开展集体谈判奠定组织基础；二是要创新职工大会制度形式，即要根据各球队参加比赛时间和地点不同以及球员分散于各个俱乐部的现实，允许采取各种灵活方式选举代表从事职代会等活动；三是应将集体谈判常态化和制度化，允许劳资双方自主选择谈判模式，以提高谈判的实效性。此外，为保证集体谈判权的行使，我们还可借鉴德国经验，设置专门的劳动法院（或劳动法庭）和劳动法律陪审员[①]，并改革现有的劳动争议处理程序，通过加强劳动关系司法制度建设，保证谈判权的有效行使。

---

① 周培：《从德国劳动争议诉讼制度看我国劳动法院的建立》，《中国劳动关系学院学报》，2013年第1期，第47—51页。

第二，应保障球员规范行使争议权。为此，首先应将集体争议权的行使严格限制在经济领域而绝不可涉及政治领域；其次，应保证争议权的行使始终置于职业球员工会的组织与领导之下；最后，应当引导会员理性表达诉求，不得违背公安部门基于社会公共安全理由所做出的要求。

第三，应保障球员服役期间和退役后的其他重要权利。对此，我们可以借鉴英国职业足球运动员协会的经验，即"注重挖掘工会内部服务潜能，以期通过经纪代理、教育培训、赞助慈善、财务援助等服务项目全面有力地保障球员的职业劳动权益"[①]。特别要注意的是，鉴于"运动员职业生涯十分短暂，除意外伤害导致的提前退役，正常退役球员年龄大多在35岁左右。面对未来的漫漫人生，职业球员必须重新择业，尽快融入社会"[②]，英国职业足球运动员协会设立再就业指导与培训部。该机构凭借工作人员出身退役球员的经历优势，通过现身说法的教学模式以及量身定制的课程设置，指导培训现役球员顺利通过教练员、经理人员、裁判员等职业资格考试，为日后退役再就业奠定坚实的职业技能基础。此类的先进经验，显然值得我们学习。

综上所述，职业球员工会作为成熟市场经济国家协调特定体育项目领域内劳动关系的重要推手，其具备的优势显而易见，其面临的问题也并非无法解决。在我国，职业球员工会应当具有不同于传统的独特法律地位和职能范围，并应在尊重"国家主导"的前提下自主地建立、发展和发挥作用。当前，我国《宪法》《工会法》以及地方性法规已经为职业球员工会的播种与生长间接提供了最基本的生存土壤，现代市场经济条件下体育领域劳动关系的多样性、复杂性也已为职业球员工会的生存奠定了坚实的实践基础。因此，我国职业球员工会的法律创制应当是理所当然的现实选择，而并不是挑战经济发展和社会稳定的冒险之举。一味地担心、过分地防范不是法治思维，也与中央所倡导的加快群团改革步伐，以及加强法治建设和基层民主政治建设的精神相违背。

---

① 周爱光、张恩利：《英国职业足球运动员工会援助服务机制及启示》，《西安体育学院学报》，2011年第2期，第129—132+150页。

② 周爱光、张恩利：《英国职业足球运动员工会援助服务机制及启示》，《西安体育学院学报》，2011年第2期，第129—132+150页。

第二节　职业工会对网约车司机集体争议事件的化解

一、网约车司机集体争议事件发生的原因分析

（一）经济因素：网约车平台公司补贴及抽成的"一降一涨"

2015年，网约车平台公司激战正酣。彼时滴滴、优步等几家网约车平台公司为了抢占市场，疯狂烧钱，大打补贴战。优步创始人、CEO特拉维斯·卡兰尼克公开指称滴滴每年要花40亿美元补贴司机；滴滴副总裁陶然则隔空反击，指优步仅在2015年就烧钱补贴20亿美元。如此疯狂的补贴，使得当时的网约车司机收入剧增，但也为日后频发的集体争议事件埋下隐患。2016年7月28日，《网络预约出租汽车经营服务管理暂行办法》（下称《暂行办法》）公布，各地也陆续出台了落实细则，网约车获得合法地位；当年8月1日，滴滴和优步宣布合并。政策变化和垄断巨头的诞生，意味着网约车行业将面临更多的行政许可和更少的补贴与奖励。与之相对应的是，据央视报道，滴滴、优步、神州、易到等网络约车平台公司在国内多个城市不约而同地开始上涨对司机收取的抽成。这一降一涨，不仅结束了网约车野蛮生长的时代，同时还迫使网约车司机们在尚未品味到共享经济成果，就又要面临收入的巨大落差及对心理和生活的冲击。

（二）管理因素：平台公司某些管理制度显失公平

从已经发生的网约车司机集体争议事件来看，有相当一部分与平台公司管理制度的不合理有直接关系。这种不合理主要表现在"日常运营管理"和"损害赔偿责任划分"两个方面。前者以某网约车公司的司乘互评星级制度为例。该公司出台该制度的初衷，是希望借此既督促司机提高服务质量，又能推动乘客提升文明诚信的乘车意识。但从实际实施的情况来看，该制度存在着评价标准及程序不够科学等诸多问题，以致无法有效防止和弥补司乘恶意互评而对对方合法权益造成的损害。站在网约车司机角度看，其极易因受到乘客的恶意差评而被某网约车公司处以不同时长的禁止接单处理，并通常无从申诉或在事实上无法弥补所遭受的经济损失。该制度设计的不完善，使得司机群体长期处于物质损失和精神压抑的负能量状态。此外，在因工产生的损害赔偿责任划分

上，网约车司机承担的不合理部分无法及时得到救济。这里的"损害"主要指的是在司机工作过程中，并非自身主观性过错或受不可抗力因素致第三人人身或财产遭受损失，或者是等待接单、接送乘客或物品以及代驾过程中，遭受政府有关部门所采取的处罚措施等。一旦出现这些"损害"，平台公司往往会撇清自身责任，而由司机自行承担损害赔偿责任或接受处罚。平台公司这种"一旦出事就事不关己"的应对态度，早已广为司机群体所诟病。

（三）政策因素：部分政策不适应网约车经济的发展

共享经济条件下，对隐藏的社会风险尚无成熟的治理经验可供各级地方政府借鉴。网约车司机集体争议事件的发生，在一定程度上与政府相应的政策不尽合理有关。例如，在现行社保政策中，由于网约车平台公司与司机之间的用工关系尚未明确，故依照现行法律规定，社保政策尚无法为网约车司机提供传统劳动者能享受到的待遇，这就使得网约车司机在遭受意外时无法得到相应的救济。对此，我们又不能简单呼吁平台公司承担相应的社会责任而忽视其承受能力，否则又将是对共享经济的打击。以"e代驾"公司为例，其之所以不愿与代驾司机建立劳动关系，很大程度上是迫于沉重的社保压力。据2015年人力资源和社会保障部统计数据显示，当年我国社保缴费平均为每月2000元，其中用人单位负担400元。当时e代驾公司号称拥有5万名代驾司机，如需为其缴纳社保费用的话，公司一年要承担的费用是2.4亿元。而该公司当年收入仅为1.2亿元，如此沉重的社保压力显然已经远远超出该公司的承受能力。再以《暂行办法》为例，第一，《暂行办法》不允许私家车随意载客运营而只是允许其转为运营车，且明确把有关车辆的要求的具体规则的制定权力交给了地方政府。这就意味着地方政府将牢牢把控司机和车辆资质的审批权，这就对网约车公司能否提供足量的符合资质的司机和车辆提出了考验。第二，《暂行办法》明确了车辆的报废年限和里程数的限制，即所谓的8年或60万公里。按照这个标准，很多网约车有可能在4至7年内便会强制报废。再结合网约车平台自身的规定，这将使司机尽可能地延长工作时间，否则将会因"入不敷出"而不得不面临"失业"风险。第三，《暂行办法》规定网约车要配备GPS、提供发票，专职司机要和平台公司签订劳动合同，如果乘客因为事故受到损失，平台公司要承担一定的赔偿责任。这就使平台公司进一步强化了将风险转嫁给司机的欲望，而保险公司显然更无动力为网约车提供私家车保险。第四，地方政府对专车既有准入审核权又有管理裁量权，而在面对背后无数的利益掣肘时，如何对待专车仍旧是个未知数。因此，在新规发布之后，某网约车公司

"诚恳希望各级政府放权"并非毫无缘由。总之,《暂行办法》的实施,使网约车的成本与出租车几乎无区别。加之新规规定"网约车价格不能低于出租车、不能亏本抢生意,地方政府有价格指导的权力",以及较多实施处罚的行为,就难免造成网约车司机群体对《暂行办法》以及有关部门具体运管的部分措施产生抵触心理。

上述网约车司机集体争议事件发生的原因,反映出问题背后的根源在于在制定和实施有关政策与制度的过程中,"单方决定"思维与"管制重于疏导"手段仍在起着主导作用,网约车司机群体参与治理的权利未获足够保障。主要体现为:

第一,网约车管理决策中的司机有效参与不足。政府和平台公司决策本身具有一定的公共性,在劳动关系波动敏感期对"网约车司机"这一群体的诉求进行决策时,绝对不能偏离这一根本属性。政府和平台公司应该在整合公司、司机、乘客等不同群体利益诉求的基础上,兼顾各方面利益并与之进行充分的沟通和协调。当前,现行的网约车决策模式侧重于事后监督,其他相关群体事前参与明显不足,这就使得相关决策科学性和针对性不足,从而为集体争议埋下伏笔。

第二,"条块分割"模式下的低效规制。随着国家管理体制改革的深入和公民权利意识的不断提高,条块分割模式反面作用日益明显。具体到网约车经济,一方面,从《暂行办法》的制定部门即可看出,仅此一项政策就有多达七家的公权部门参与,而这七部门中竟无一个能够直接代表网约车司机的利益。而且,这些部门大多不仅要受到地方政府的直接领导,而且需要接受上级部门的业务指导①。这一管理体制下的各主体之间责任划分不明确,在发生网约车司机集体争议事件时,容易出现互相推诿、久拖不决以致争议事件逐渐升级的现象,致使相应的治理工作失效。另一方面,网约车的高流动性和现代信息传媒的发达,使得争议问题在许多情况下难以遵循行政区域的限制,使其影响出现跨地区。

第三,权利诉求机制不够畅通。一般情况下,公众权益受到侵害则一般会遵循如此救济路径:与侵害者进行谈判——请政府出面协调——诉诸法律途径——进行集体抗争。然而,现实中出现了较多漠视网约车司机正常的知情权、参与权和监督权的现象,这最终造成费用收取、分配及奖惩制度的诸多不合理。长此以往,司机群体的不满情绪便会与日俱增。

---

① 注:主要指的是"垂管部门",他们实行的是"双重领导"体制。

综上可知，欲从根本上解决问题，显然须重视司机群体对有关网约车决策与管理的有效参与，从而保证制度与措施的科学性和有效性，使政府、平台公司和司机的利益实现最大程度的协调统一。然而，此种参与又不能是无序或者随心所欲的，而必须是在能够代表司机整体利益且又有相应法律地位、组织协调能力的组织体的领导之下，通过法治化的路径与手段予以实现。而在当下的中国，最有可能符合这些条件的组织体，应当是作为广义劳动者利益代表者的工会。

二、集体争议事件的化解：工会参与的合法性与合理性证成

当然，主张由工会代表司机群体参与到网约车的决策与管理，并不能仅以现实需要为依据。特别是在当前学界对共享经济下网约车平台与司机之间是否构成劳动关系仍存在很大争议的情况下，这一主张更应当对工会参与的合法性与合理性予以证成，以为后续的建议打下牢固的法理根基。

（一）网约车司机在劳动法上的身份认定

网约车司机是否属于劳动法上的劳动者，学界对此意见不一。有学者主张网约车司机不是劳动者，认为"出行运营平台与司机间没有签订劳动合同，且司机可以自由选择工作时间、作为生产资料的汽车也由司机提供，这些事实都满足了劳务关系的认定标准"[①]。也有学者和实务工作者认为对此不能采用二元化标准，而是主张设置中间类型，如在 Cotter 等诉 Lyft 公司一案的裁决中，法官就认为，"可能 Lyft 司机应该被认为是一种新的类别，需要一套不同的保护体系"。学者 Harri 和 Krueger 也认为，要在互联网平台经济背景下建立一种名为"独立工人"（Independent Worker）的劳动者类别，来填补雇员和独立承包人之间的灰色地带，以确保依据不平等谈判力量来提供保护的社会契约也适用于新类别劳动者。需要指出的是，持此种观点的学者不断增多，甚至已影响到立法。如德国劳动法就设置了"类似劳动者的人"（arbeitnehmerähnliche personen）这一概念，用于指称劳务给付具有一定独立性而又不符合自营业者分类，且在与接受劳务给付之相对人的关系中处于经济非独立状态的人，并规定此类人员适用团体协约法。也有学者认为，网约车司机虽不是个别劳动法意义上的劳动

[①] 曹大友、彭倩文：《是劳动关系还是劳务关系？——以滴滴出行为例解析中国情境下互联网约租车平台的雇佣关系》，《中国人力资源开发》，2016 年第 2 期，第 93—97 页。

者，但并不影响他成为集体劳动法语境下的劳动者。① 如日本学界依据该国最高裁判所的判例，归纳出工会法上劳动者的判断标准，将不满足个别劳动法的从属性要件，但具备一定从属性特征的从业人员，认定为集体劳动法上的劳动者。另外，还有学者主张暂时搁置争议，而先谈对互联网从业者的保护，条件成熟时再对其身份予以界定。他们认为，"面对当前不断多样化的劳动形态，中国应当以解决劳动者权益保护的问题为重点，淡化劳动关系认定的法律意义，实现劳动基准、社会保险等内容与劳动关系的脱钩，重视对经济依赖或经济从属性的考察，并在未来探索建立中间类别劳动者保护制度"②。

在这些观点中，认为网约车司机为劳动法上劳动者的观点似更具说服力。毕竟，劳动关系从属性仍是当前认定劳动关系的通用标准，而网约车司机群体亦呈现相符之势。具体而言：

首先，网约车平台公司的用人单位身份已被明确。结合《劳动合同法》第2条和《暂行办法》第2条的规定来看，网约车平台公司属于劳动法上的用人单位应无争议，又依《暂行办法》第23条的规定，网约车平台公司属于应当承担承运人责任的用人单位。明确网约车平台公司在劳动法上的身份，有助于理顺其与司机、乘客、政府等各方主体之间的关系。

其次，从劳动关系人身从属性的角度来看。所谓"人身从属性"，指的是劳动者向用人单位提供劳动时，将其人身在一定限度内交给了用人单位。根据《暂行办法》第17、18条的规定，网约车平台公司对有意提供服务的车辆和司机进行选择，以保证后者具有合法的营运资质和从业资格。这里需要注意的是平台公司的这种"选择"并非一次性，而是一种持续的、没有明确终止期限的"名为选择而实为考评"的行为。对不符合标准的司机，平台公司将会根据一定的机制终止与司机的关系。这就意味着，司机一旦与平台公司达成"合意"，即要服从后者的管理，接受其派单任务并提供符合要求的服务，否则便会因违反平台公司的"选择"标准而受到后者规则的惩处。这显然符合"人身从属性"的特征。

再次，从劳动关系经济从属性的角度来看。所谓"经济从属性"，指的是劳动者为用人单位提供劳动，生产组织体系、生产工具及原料等均为用人单位所有，由此产生的风险责任也由用人单位承担，劳动者与用人单位之间存在着

---

① 李干：《网约车司机在集体劳动法的身份定位》，《中国劳动关系学院学报》，2017年第1期，第43—47页。

② 王茜：《互联网平台经济从业者的权益保护问题》，《云南社会科学》，2017年第4期，第47—52+185页。

经济上的依赖关系。以某网约车公司为例，该公司要求与公众日常接触最多的快车车辆需要过户给公司（尽管其直接目的是为了通过审核），其甚至在2016年4月18日推出"伙伴创业计划"，面向北京、广州、深圳、武汉和成都招募10万名车主；车主缴纳最高2万元保障金即可从公司合作的汽车厂商领取一辆新车；车主与租赁公司和劳务公司签订协议，成为车主营运，三年合约期满后车辆可归车主个人所有。这就意味着至少在其快车业务领域，车辆作为网约车最重要的生产工具大多已"从属于"用人单位或由其实际掌控无疑。再据《暂行办法》第16、23条规定，平台公司应当承担承运人责任，这就意味着平台公司至少在一定范围内承担因司机提供劳动而产生的风险。此外，根据《暂行办法》第20条规定："网约车平台公司应当合理明确网约车运价，实行明码标价，并向乘客提供相应的出租汽车发票。"以上规定，再结合某网约车公司的收入分配办法，可以发现其可从三个方面实现对司机的经济控制：平台公司可以根据市场行情决定是否涨价而司机必将承担相应成本；平台公司通过司机提供运输服务来获取营业收入；平台公司可对此种收入的数额进行最终分配。这显然已体现出了平台公司与司机之间的经济依赖性。

最后，从劳动关系组织从属性的角度来看。所谓组织从属性，指的是劳动关系维持过程中，劳动者作为用人单位组织中的一员而存在，受用人单位的指挥与控制。在诸多反对网约车司机具备劳动者身份的意见中，最常见的是认为司机们的工作量、工作时间、工作过程这三方面具有极强的灵活性，完全不同于传统劳动者被用人单位处处管制。但网约车司机恰恰是在这三个方面体现出的从属性较为明显。仍以某网约车公司为例，工作量上，该公司要求司机接受奖励的标准是派单成交率不低于60%，这就无形中迫使司机尽量不拒绝接单以免影响成交率，而且，如果出现乘客取消订单，那就意味着成交率虽一时不受影响，但服务评分又会受直接影响，反过来又会降低司机在接单上的竞争优势，最终还是影响成交率。对此，司机只能尽量加大自己的工作量。工作时间上，随着网约车新政的实施，兼职司机的数量将大幅减少，全职司机数量将剧增。此时虽无来自公司的时间要求，但迫于收入压力，司机大都选择尽可能地延长工作时间以增加接单量，这即意味着工作时间已不可能真正自由。工作过程上，除了遵守《暂行办法》的要求外，某网约车公司还于2015年出台了《互联网专车服务管理及乘客安全保障标准》。根据该标准，公司不但可以监控车辆的运行状态，同时还可结合星级评价等制度实现对司机工作时间、地点以及服务态度和质量的监督，并会根据情况实施奖惩措施。总之，在网约车平台公司的运行管理中，其系统、算法、客户服务代表、乘客和半自动绩效评估和评级体系，都直接构成了对司机的管理和控制，而远程工作管理和责任分配则加剧了双方的不对称。

总之，随着时代的发展、技术的进步和用工形式的日趋多样，标准意义上的劳动关系受到了前所未有的冲击，劳动关系的从属性在某些方面呈急剧弱化之势。但这并不意味着其本质发生了变化，而是应当根据新业态和新科技的特点，及时对传统的从属性标准予以改进和拓展。另外，从法经济学的角度考虑，共享经济下网约车司机和平台公司之间是否构成劳动关系虽然尚无定论，但在法律正式定性之前，不妨仍尽量以当前的劳动关系认定标准来确定网约车司机的身份，只是在涉及收入分配、保险、税费以及承运责任承担等具体的制度设计上，可针对共享经济的特征出台专门的实施细则。如此方是以尽量少的投入获得尽量多的产出。况且，绕开劳动关系的认定来谈劳动权益的保护，总归是无根之木；暂时搁置争议，终是权宜之计；而创设一个全新的中间类型，亦是对劳动法本身及社保法、合同法、侵权责任法等相关法律制度之立法与修法成本不小的挑战。

（二）网约车司机权利诉求与工会职能重心的契合

在学理上，劳动法可以划分为个别劳动法与集体劳动法。一般认为，"团结权""集体谈判权"和"集体争议权"劳动三权，是构筑集体劳动法的基础，也是现代劳动法的核心。[①] 通过劳动法保障劳动者集体劳动权的实现，向来是工会职能的重心，同时也是工会引导网约车司机实现权利诉求的基本途径。

如前所述，共享经济的本质就是整合线下的闲散物品、劳动力、教育医疗资源，而这些资源又通常隶属于个人，因此，共享经济一方面的确更为注重资源提供者个体的表现，另一方面，由于某些资源具有同质性或同类性，这就使得众多资源提供者会产生相同的利益诉求。其中，最为典型的资源提供者就是网约车司机群体。由于该群体类似（或等同）于劳动者身份，故集体劳动法对其亦有发挥作用的空间。回顾本书前面章节对引发网约车司机集体争议事件原因的分析，可将三点原因归纳为两大类：一类大体属于"利益争议"，包括公司补贴、司机本人因工受损及涉及第三方损害赔偿、商业保险等方面的问题。这些问题因关系到经济利益分配，故必然将会涉及司机群体"议价能力"的集体协商机制建设问题。而集体协商，又恰恰是工会的主要职能，涉及集体劳动

---

① 程延园：《"劳动三权"，构筑现代劳动法律的基础》，《中国人民大学学报》，2005年第2期，第101—107页。

法对"集体谈判权"和部分"集体争议权"的规制。另一类则大体属于"权利争议",包括平台公司管理制度、平台公司用工及政府管理政策、劳务提供者技能水平及服务质量提升、社会保障等方面的问题。这些问题因关系到权利利益的协调,故必然会涉及事关司机群体"民主参与权利"的实现问题。而民主参与治理,又正是工会"源头维权"的重要体现,涉及集体劳动法对"团结权"和部分"集体争议权"的规制。总之,这些因素看似大多属于经济利益争议或者可以用经济利益予以衡量,但据其最终指向来看,实为集体劳动法视野下平台、司机、政府三方之间利益的协商、平衡与协调问题。故网约车司机群体的权利诉求与集体劳动法的调整范畴,显然具有较高的契合性。而这些问题的解决,均离不开工会在劳、资、政三方中发挥参与与居中协调的作用。

（三）工会参与的现实意义

当然,理论终究还要回归到现实中来。当前我国民主政治的发展,进一步唤起了公众参与意识的觉醒,政府、民众以及其他组织等都被纳入经济社会治理体系之中。在此背景下,网约车司机参与决策和表达利益诉求的愿望也必将越来越强烈。现行的体制下,若无工会组织的参与和居中协调,各行政部门在面对网约车司机集体争议事件时,彼此间进行有效合作则比较困难,而且也容易产生相互推诿的现象。尽管此种现象的产生多是基于"维持当地经济社会发展秩序"和"保证自身稳定运营"的考虑,但从实践效果来看,此种传统应对手段,显然会进一步阻塞网约车司机寻求对话和法律救济的途径。当他们难以通过体制内的渠道维护自身经济与民主权益时,其与平台公司之间的矛盾就会逐渐积聚,以致最后以集体争议事件这种过激的方式表现出来。因此,应当鼓励工会利用自身资源,充分发挥组织、协调和沟通的作用,引导司机通过一定的制度渠道参与平台公司及政府的相关决策制定,又通过此种参与来协助政府和平台公司不断完善相关的政策及管理制度,使之更具科学性和可操作性。劳、资、政三方的相互作用,可以有效地遏制劳资矛盾,减少网约车司机集体争议事件发生的风险。这是工会参与最为直观的现实意义。

三、路径布设：工会参与治理的新思维

工会在参与网约车司机集体争议事件治理中的优势,具体体现在其可针对网约车经济的特点并结合自身职能,在对集体劳动权进行保障与规制方面,进行新的路径布设。

(一) 协助政府准确定位其在网约车司机集体争议事件治理中的角色

我国现行的社会主义市场经济体制是由计划经济体制转轨而来,国家对劳动关系的调节始终带有浓厚的行政化色彩,"政府主导"事实上业已成为我国劳动关系政策的制度安排,这是我们将长期面对的现实。只不过,自主性的协商关系与工会的发展本质上就是市场经济的一环,而共享经济的兴起势必会对市场经济运行机制造成较大的影响,从而使得劳资双方在行为上必须争取时间与空间来对应共享经济的冲击。因此,政府在劳动关系上的重要性虽难以排除,但当面对共享经济更加发达、劳动力市场受到产品市场的冲击更加剧烈时,劳资双方仍更倾向于致力于建立劳资自治以获得共同的利益。然而,政府天然地会希望以相对统一且固定的规范来规制劳动关系的内容,而这恰恰是与共享经济条件下市场高速变动的本质有所冲突的。因此,政府的定位,应当是共享经济市场中扮演游戏规则制定者和监控者的角色,并通过与具有代表性的劳资团体(如网约车平台公司协会和网约车司机工会)对话形成的社会共识,建立劳动关系规制上的工作目标。简言之,就是政府在作用于共享经济条件下的劳动关系领域,特别是在治理网约车司机集体争议事件时,应当允许工会协助其把握好"承认政府主导"与"避免政府失灵"之间的平衡,并在具体的制度设计中予以体现。

这些体现包括:在立法方面,工会可通过提案及解释说明等工作,来减少政府对网约车司机集体争议事件的过度担忧以及因此带来的"主动"干预,并应积极探索适合网约车经济及其司机群体的职业工会制度,通过修法对不当劳动行为的规范、团体协约权的使用及维护采用"原则备案、例外许可"制度,积极接受平台公司与司机基于合意而提交的调解申请;在司法方面,工会可积极利用在立法机关的地位,督促政府尊重法院采取积极中立与消极中立相结合的原则,使法院对劳动法律法规不完善之处,可以不受掣肘地秉持尊重双方权益,维护实质正义,并合理限制契约自由的原则,如可针对网约车司机的不同类型(全职或兼职,快车、专车、顺风车、出租车等)灵活运用"倾斜保护原则",并适当通过法官造法来审理此领域的集体劳动争议案件,同时还应督促政府尽量减少对司法的干预,在具体案件中坚持政府中立原则和比例原则,通过对现行民诉法及相关法规的修正,在调解无效的前提下,使司机集体争议案件能经济便利地受到裁判;在行政方面,工会可通过三方机制等平台督促政府尽量减少强制性行政手段的运用,尤其是要严格限制专门针对网约车的处罚行为，以免激化矛盾。总之，在治理网约车司机集体争议事件的过程中，适用具体行政行为的条件应仅限于滥用或违法使用争议手段，严重妨碍产业秩序及第三人或社会大众的利益。

(二) 职业工会：网约车司机集体争议事件治理中的组织创新

事实上，相对于"协助政府"这样的工会外部参与，通过引入"职业工会制度"并实现对司机集体劳动权保障的工会内部参与更为重要。

1. 建立网约车司机工会的意义。所谓"职业工会"，前已述及，指的是"一种职业组合，即联合同一职业工人所组织者，如泥水、刻字、成衣等业工人，各依其职业分别组织的各该业工会"①。迄今为止，我国法律尚无"职业工会"的规定。时至今日，如果说《工会法》规定的工会组织形式已与传统工业经济运作模式融为一体，那么在新经济形态异军突起、用工形式日益复杂的形势下，传统的工会组织又将面临应否改革以适应新业态的难题。众所周知，共享经济的主要特点就是人力和资源的高度灵活性，以及因灵活而带来的服务时间、地点、方式的高度分散性。在这样一种情况下，劳资界限将更加模糊，传统的以某一企业为基础的企业工会和作为企业工会集合体的行业工会、产业工会，其组织形式和履职手段将无法适应共享经济形态。具体到网约车司机群体，数据显示，该群体主要以中等收入水平的"70""80"后男性为主，拥有自己的私家车并兼职专车运营，呈现出工作职业稳定、注重家庭、争取多收入的社会砥柱人群特征。网约车司机群体的综合素质和服务意识较职业相似的出租车司机群体更高，竞争优势更为明显；但由于后者通常隶属于固定的出租车公司，有着相对更为严格的管理制度，故前者比后者更为分散和机动灵活。这也就意味着传统的企业工会对网约车司机工作秩序和利益集体诉求秩序的引导更加困难，处理不当导致的社会影响也更大，这也是当前工会对网约车司机集体争议事件束手无策的重要原因。面对这样的情况，职业工会（一线劳动者的集合）显然比行业工会（企业工会的集合）更为适合，它打破了企业甚至地域的划分，将工会组织的触角直接深入到一线司机，能更加真实和全面地了解其利益诉求；它因会员的职业相同而更便于将司机有序整合、有序引导；它更容易在集体争议事件尚未发生时提前感知，为及时的引导甚至化解创造条件；它在集体争议事件发生后能更及时地掌控事态进展，且在与平台公司和政府相关部门沟通时，因更具代表性而更易获得一线司机的认同；它甚至能与不同的平

---

① 黄越钦：《劳动法新论》，中国政法大学出版社，2002年版，第265—266页.

台公司加强沟通协调，以促进网约车行业整体的规范化。总之，在当前社会主义协商民主逐渐深入人心、工会组织改革逐步深入的大背景下，选择网约车司机这样一个新经济形态下的新群体作为引入职业工会制度的试点，虽具一定挑战性，但对网约车司机集体争议事件平和、圆满的解决，乃至对我国经济新常态下和谐劳动关系的构建，将具有不可小觑的现实意义。

2. 建立网约车司机工会具有可操作性。有人认为，当前建立网约车司机职业工会即便有其必要，但在实践中也会因反对声音太强而难免胎死腹中，并以美国 Uber 司机建立工会未果为例。2015 年，在 Uber 司机大罢工的背景下，美国西雅图议会全员投票批准 Uber、Lyft 等类似出租服务公司的受雇司机成立工会，这使得西雅图成为美国历史上首个采取此项措施的城市。① 不过随后 Uber 对此提起诉讼，联邦法院反工会团体提起的两起诉讼也产生了类似的结果：禁止西雅图执行司机成立工会法规的相关临时禁令。美国商会也提交了一起诉讼，认为该措施违反了联邦劳动法规。另一起诉讼由反工会组织自由基金会提交。而据美联社报道，一名联邦法官暂时阻止西雅图市执行关于允许 Uber 和 Lyft 司机组织工会的法律。② 由此可见，即便在市场经济和工会组织高度发达的美国，各界对网约车司机能否成立工会仍是争论不休。

然而，需要指出的是：美国之所以会有如此状况，是与该国联邦制下多元化的政治、法律体制以及工会组织形式的国情密切相关。反观我国，更加注重集中统一的政治与法律体制以及一元化的工会组织体制反而呈现出一定的优势，即在建立网约车司机工会的问题上，如果能充分做好调研论证及试点工作，并在此基础上做好政策制定和立法修法的顶层设计，那么网约车司机工会将会很快呈现出传统工会所不具备的组织、引导与协调优势，网约车司机集体争议事件也将会比较快速地得到遏制。具体而言，网约车司机工会的建立可分为三个阶段进行：第一阶段，在省级总工会的领导下，做好调研、论证和试点工作，如可先行设立网约车司机协会，并赋予其部分工会职能，以应对暂无法律依据的实际情况；第二阶段，在网约车经济比较发达的地区，由省级地方总工会提请省级立法机关制定地方性法规，正式赋予网约车司机协会以准工会地位；第三阶段，在试点成熟的基础上，提请国家立法机关对《工会法》进行修改，正式引入职业工会制度，使其拥有不同于传统工会的组织形式，并赋予其

---

① 《西雅图 Uber 司机成立工会 美国吃螃蟹第一人》，网易网，http://auto.163.com/15/1216/17/BAVM2GEO000854CH.html，2015－12－16。
② 联邦法官做出的临时裁决将阻止西雅图 Uber 司机组成工会，中文业界资讯站，http://www.cnbeta.com/articles/tech/599379.htm，2017－04－05。

协助立法或行政机关、参与协调或提起劳动公益诉讼的功能。但其中要强调的是，网约车司机工会的建立，应避免"强制入会"现象，而不应妨碍司机消极团结权的行使，即司机有不加入工会，或者在不违法的前提下拒绝参与集体协商或集体争议的自由。

（三）工会参与网约车司机集体争议事件治理机制的着力点

同传统意义上的工会一样，网约车司机工会的参与重心，亦应放在对司机集体劳动权的保障之上。但由于共享经济下网约车司机群体的利益诉求有其特殊性，加之职业工会因更为注重劳动者的职业特点而更具针对性，故此种保障又有着与传统工会不同的着力点。

1. 引导网约车司机科学行使集体协商权。集体谈判是工会的传统主业。之所以将西方通用的"集体谈判"替换为具有中国特色的"集体协商"，并非意识形态上的模糊，而是基于对共享经济下我国劳资关系本质的判断，即工业革命以来劳资"斗争"机制正逐渐被共享经济条件下的劳资"合作"机制代替，双方关系不具有根本的对抗性，而是以利益合作为导向，即便利益有所冲突亦能在协商、协调的基础上得以解决。此外，从策略上看，网约车司机工会在我国毕竟属于新生事物，集体协商一词更加缓和，拓宽了非正式沟通的渠道，易于避免陷入僵局和对抗，从文化传统上更加适合我国的国情，较容易被政府和社会接受，也与我国现阶段构建和谐社会的目标是相一致的。

当然，概念名称毕竟只是一个符号，有效发挥作用才是关键。网约车司机工会领导下的集体协商，将主要在两个方面着力：一是利益事项，如补贴的发放、服务费的抽取、奖惩的数额、商业保险的购买、司机本人及第三方受到的损害赔偿、政府处罚的公司补偿，等等；二是权利事项，如网约车平台的日常运行管理制度、对司机的考评及奖惩制度、平台内部的劳资双方承运责任分担制度，等等。受现实国情所限，网约车司机工会在现阶段应将关注重点放在权利事项的协商方面，而后逐步拓展到利益事项方面。即网约车司机工会先要通过一定的制度平台和沟通渠道，将网约车司机的利益诉求反馈至公司决策层，推动网约车司机群体通过职业工会参与到利益分配和运行管理规则的制定中来；待参与机制完善后，再就补贴、服务费抽取、奖惩、政府处罚分担、损害赔偿责任分担、商业保险等利益事项进行协商。这其中需要强调的是，网约车司机工会应坚持集体合同优先原则，且合同效力应自动涵盖未参加集体协商的司机（除非该司机自始拒绝参加集体协商，或者有证据证明集体合同将会损害或降低其本人已经拥有或可预期的权利）。

2. 引导网约车司机正确行使集体争议权。集体争议权是工会履行职能的保障，它与团结权和集体协商权一起，构成了集体劳动法的核心。

发生在司机群体中的集体争议行为，是近年来网约车司机集体维权常见的表现形式。从前面章节的分析来看，网约车司机工作时间、地点以及平台公司进入与退出的高度灵活性和分散性，使得该群体发生集体争议行为的门槛较传统用工形式大大降低而社会影响却大大加强，加之其利益诉求又多集中在补贴发放、服务费收取及其相关机制设置是否合理等比较敏感的利益事项和权利事项，故使之相较于出租车司机等传统用工形式有着更强的维权欲望和组织动员能力。在这样一种状态下，网约车司机集体争议事件频发便不难理解。由于劳动关系是一种在动态中保持平衡的社会关系，故集体争议权的行使作为协调劳资力量对比的手段，在事实上会一直存在，且一定会发展成为包括共享经济在内的市场经济的常态。所以，尽管传统用工形态下的集体争议事件可以通过现行工会工作机制来尽力遏制，但这并不意味着传统手段对共享经济下的新业态亦有效用。甚至可以认为，法律如果仍无视共享经济条件下劳资对抗的新特点，而对赋予工会（包括职业工会）以一定程度的集体争议权仍持回避态度，则等于再次错过了发挥工会熟知专业领域情况和特定职业劳动者诉求的良机。在新技术新思维迅速发展的今天，这无异于主动放弃应对劳动关系复杂化和激烈化的最重要的手段，也无异于拱手让出协调共享经济这一劳动关系的最新阵地。

当然，网约车司机的集体争议权一旦在法律上得到确认，则必须遵从劳动法治的基本要求：其一，争议行为务必要在网约车司机工会的组织与领导之下，司机自行组织的"地下工会"组织不具合法性，其协商和争议行为不受法律保护；其二，每次争议的诉求应严格限制在网约车经济领域中的利益事项或权利事项中的某一项，不可同时提出，更不可涉及政治领域；其三，应坚持"穷尽救济手段"原则，即只有在集体协商无效，或者司机工会不作为、消极作为、难以作为，或者司法途径难以解决问题等情况下，方可行使集体争议权；其四，应严格遵循公序良俗原则，如不得在春节、中秋、国庆等国家法定节假日组织罢运或变相罢运，不得强迫网约车司机参加集体争议行为，不得妨碍平台公司合法的经营自由与竞争，不得对社会治安造成不利影响等，否则应承担非法争议行为的责任。

综上所述，随着大数据、智能化、移动互联网和云计算时代的来临，共享经济已经迅速深入我们生活的方方面面。由"互联网＋、平台、驾驶员"等元素构成的网约车经济作为共享经济的典型代表，不但已显示出新技术对创新基层社会治理的巨大影响，同时也使得新经济形态下的劳动关系日趋复杂。对此，需要工会组织发挥社会"稳定器"和"减压阀"的作用，及时地以新型组织形式来代表司机群体参与到劳动关系的治理之中。网约车司机既是广义上劳动者的组成部分，又因其行为与后果的影响远远大过一般劳动者而更值得关注。如果我们一直纠结于所谓历史和体制原因而不去大胆尝试的话，那么我们将再一次错失探索共享经济条件下劳动关系调整机制的良机。未雨绸缪，远胜于亡羊补牢。毕竟，将"互联网＋工会创新"的元素融入网约车司机集体争议事件的治理过程中，不但有利于社会自我调节的实现，也有利于共享经济下政府、社会、劳资双方等治理主体的良性互动，最终将推动共享经济等新兴经济形态的健康、持续发展。

第三节 数字经济下职业工会参与工匠培育的法治路径

近年来，随着经济结构的不断优化，我国经济的发展方式和增长动力也进入了转换的关键时期，以数字经济为代表的非传统经济形态及其影响下的新就业形态不断涌现，愈来愈多劳动者开始更多地依靠互联网平台提供商品和服务并获得劳动收入。传统就业形态下愈加明显的就业渠道收窄、就业弹性弱化和劳动收入降低等倾向，随着数字经济下新就业形态的崛起而得以大幅扭转。在这一背景下，职业工会如何参与培育"工匠"，从而使各类型劳动者的民生底线得以充分保障、传统与新兴就业形态的基本盘得以稳固，就成了亟待解决的问题。本书试图分析数字经济对劳动关系带来的深远影响，尝试对数字经济条件下职业工会参与工匠培育做出路径探索。

一、问题的提出：数字经济对劳动关系的深远影响

"工匠"的培育，不单是专业技能的提升和勤勉品质的塑造，同时也是强调对劳动者所处工作与生活环境特别是劳动关系环境的优化。从当前现实情况来看，数字经济条件下商品与服务在供给结构方面的灵活度与适应性仍有待进一步提高与市场的匹配度，并应不断契合经济结构的调整与发展方式的转变。如此，方能使全要素生产率有进一步提高，各生产要素加快重组，要素配置模式不断"辞旧迎新"。这样一来，不但会巩固数字经济下新就业形态作为吸纳就业重要渠道的地位，同时，也将对劳动力这一生产要素提出尽快成为爱岗敬

业、技术高超的"工匠"之要求。这些都将在整体上深刻影响着劳动关系的和谐健康发展。

第一，使就业形势面临更大挑战。当前，我国在经济领域的战略构想是一方面支持并规范数字经济等非传统经济形态的发展，另一方面是大力推进传统产业的供给侧结构性改革。其中，令人瞩目的结构性失业问题将随着深入推进供给侧结构性改革、过剩产能与产业结构的不断化解和优化升级而更加突出。在这一态势下，有相当一部分劳动力将主动或被迫加入新就业形态劳动者队伍；而新兴产业尽管在孕育的初期会因制度红利和行政机制惯性的刺激而迎来阶段性的就业繁荣期，但受"市场秩序不断规范""市场优胜劣汰机制作用日益明显""传统产业加速退出"等多重因素的影响，而不得不接受生存的考验，失业风险也必然会随之增加。这样一种严峻的就业形势，将会持续到传统产业优化升级、新兴产业步入良性发展轨道之后才能得以扭转。①

数字经济等新经济形态对就业整体形势的影响是多方面的。其中，一方面，"实现高质量发展"的要求迫使数字经济下的平台企业之间的竞争必须是良性的，且必须有助于实体经济的发展（至少是不对实体制造业的发展造成实质性阻碍），而如此一来将不可避免地促使就业门槛与从业者之报酬期望值的持续性升降，并由此又在客观上加速了传统产业的退出；另一方面，也要面对重组、倒闭、裁员的大量传统产业企业带来的挑战，特别是随着"去产能"政策在钢铁、煤炭、水泥等行业的加快落实，大批相关企业不得不关、停、并、转，从而在客观上产生规模性裁员。从我国经济结构和经济发展现状来看，互联网平台企业的崛起与传统产业企业的没落是相伴而生的，共同催生并推动了"新就业形态"的壮大。但无论何种经济形态，对低端劳动力的排斥都已成为不可扭转的趋势，这也在客观上使工匠的培育进一步遭受到这一趋势的挑战。

第二，使劳动力资源结构有了明显调整。在当前第三产业与第二产业中新兴产业占比上升、传统工业占比持续下降的经济背景下，数字经济等新经济形态的发展并非一蹴而就，而是产业日趋中高端化的必然结果，绿色、高科技的产业作为新兴战略产业转型升级与可持续发展的重点更是体现得尤为明显。受产业结构调整的影响，劳动力资源结构也显现出劳动力需求"一增一减"的态势。其中，非商品生产部门将对劳动力资源有着日益增多的需求，而传统的商品生产部门则与其呈现相反状态。这样一种态势对本地劳动力市场的职业分布

---

① 丁守海、沈煜、胡云：《供给侧改革与就业转换的三阶段论》，《教学与研究》，2016年第3期，第23—31页。

产生了深刻的影响。例如，保险、金融及其他服务业吸纳了越来越多的来自传统工业、农业部门的劳动力，非家庭服务人员、专业技术水平较高的人员以及技能娴熟的蓝领工人的占比有了大幅提升。此外，在以数字经济为代表的新经济领域，网络平台企业对具有创新性、技术性的高技能人才有着更为强烈的需求。以上这些变化，在客观上进一步加剧了劳动力资源供需结构的矛盾，而这一矛盾也将随着经济结构转型的深入和数字经济及新就业形态的发展而长期持续下去。在这一形势下，"工匠"及"工匠精神"的培育就显得尤为重要。

二、新就业形态对职业工会参与工匠培育的要求

数字经济催生了新就业形态，而职业工会作用的发挥是新就业形态健康有序发展的保障，这意味着若要低风险、可预测地在数字经济条件下培育工匠，也必然需要职业工会依照法律法规、规章制度提供坚实支撑。在这一方面，各地立法其实已经开始进行一定程度的探索。例如，成都市交通运输局会同市公安局、市经信局、市委网信办、市商务局、市市场监管局等部门联合修订出台了《成都市网络预约出租汽车经营服务管理实施细则》，其中第15条等条款对平台企业与网约车司机之间的法律关系定位与权利义务做了较为明确的规定。但工匠培育势必涉及劳动立法的保障与规制问题，而"劳动法客观上具有促进企业持续发展、有利于供求平衡、保障公平竞争与社会和谐，从而促进经济与社会发展的作用"[①]。对此，职业工会因其较强的"职业性""专业性"而能够提供更有针对性的支持，并可推动地方性劳动立法从以下几方面回应数字经济对工匠培育的要求。

（一）提升新就业形态劳动者的素质

改革开放以来，我国经济之所以能够实现数十年的高速增长，人口、改革与全球化这三个方面的"红利"功不可没。然而，其中的"人口红利"自2010年起开始进入持续衰减阶段，劳动力大规模的"供过于求"已成为历史。以四川省及成都市为例，根据四川省统计局2021年的数据，"成都市人口年龄结构呈现"两降一升"特点：2020年，少儿人口和劳动年龄人口占比下降，0~14岁少儿人口占比同比下降1.59%，但与2010年相比上升1.78个百分点；15~65岁人口占比跌破70%，而与2000年相比，下降幅度达到了4.86

[①] 刘诚：《全球经济下行背景下劳动法之选择——兼评〈劳动合同法〉的相关质疑》，《探索与争鸣》，2016年第8期，第50—55页。

个百分点。老龄化程度不断加深，65 岁及以上人口占比高于全国平均水平，整体接近 14％的深度老龄化水平达到国际标准"[1]。正如专家所言，成都"全市劳动力紧缺将是影响成都经济社会发展的重要制约因素之一"[2]。这即意味着，成都目前的中高速增长态势已无法仅仅依靠劳动力与资本的大量投入而维持，而必须把目光投向数字经济等新的经济增长模式。对此，新就业形态正好与之契合。详言之，新就业形态的发展在客观上将会不断推动产业结构实现转型升级，较高技术水平和附加值的技术密集型产业将会逐渐取代较低技术水平和附加值的劳动密集型产业；而在这一过程中，培育大量高素质劳动力将成为重中之重的任务，以更为顺利地推动产业结构的转型升级。毕竟，相对于有形的物质资本，高质量的劳动力资源可能更为广大发展中国家所亟须。反言之，如果不能使高质量劳动力的供给速度满足产业结构调整的实际需求，那么整体就业形势将会受到严重影响，产业的发展也将面临劳动力供给不足的制约，经济的健康可持续发展亦将因劳动力资源的短缺而变得日益艰难。此时，就需要建立兼具强制性和指引性的法律法规制度（如规定必须经过正规的职业培训方可持证上岗），使劳动者个体的竞争力和群体的综合素质能有大幅提升，劳动力中高端需求与中低端供给间的矛盾不断得以缓解，从而在人口红利逐渐减弱的大环境下，使大规模培育工匠所必需的劳动力资源基础能够愈加坚实。

（二）提高新就业形态劳动力资源配置的效率

市场经济与计划经济的一个显著区别，就在于劳动力资源能否自由流动。详言之，在计划经济体制下，行政手段主导着劳动力资源的配置，劳动群体被人为分割，结构性与制度性的不平等体现在劳动者的就业、收入、福利待遇等各个方面。后随着改革开放的深入，包括劳动力在内的资源配置逐步实现市场主导；而基于市场经济的自身特性，劳动力资源流动的自由度越来越大，相应的资源配置也日益优化。在市场经济条件下，劳动力资源的流动与市场自由度和市场机制的发展程度呈正比关系和相辅相成、相互促进的关系。简言之，劳动力资源流动与市场经济自由化之间完全可以实现良性互动。以上观点多来自传统经济学的假设，即市场是统一且完全竞争的，各类从业者可以在劳动力市场自由出入。但在现实情况下，特别是在数字经济领域，各类从业者并不能完

---

[1] 胡磊. 成都人口突破 2000 万，人口红利如何变现？ https://www.cqcb.com/xindiaocha/redian/2021－05－28/4171936_pc.html，2021－05－28。

[2] 胡磊. 成都人口突破 2000 万，人口红利如何变现？ https://www.cqcb.com/xindiaocha/redian/2021－05－28/4171936_pc.html，2021－05－28。

全与传统经济学之前述假设相吻合,其于劳动力市场的出入自由度还会受到身份、地区、城乡之分割等其他非竞争性因素的制约。进言之,数字经济领域内劳动力资源的自由流动其实也涵盖平台企业和劳动者两方主体,即劳动者的自由流动和平台企业基于用工自由而推动的劳动者自由流动。这二者之间存在着一种辩证关系:无前者,则后者无法实现;而后者的缺失亦会降低新就业机会,从而阻碍前者的实现。因此,在前述情况下,工匠的培育要求地方性劳动立法进一步优化本地新就业形态领域内劳动力资源配置,促使劳动力真正自由流动于城乡、行业、平台企业之间;与此同时,重视劳资自主协商的作用,引导平台企业与劳动者自主协商劳动关系的主要内容,不断提升新就业形态领域内的劳资自治程度。[①] 如此一来,数字经济条件下的劳动力市场才能算是合理配置,大规模培育新就业形态各类工匠也才能获得基础性保障。

（三）降低劳动力资源成本

从当前实践来看,降低税收、人力资源、融资、制度性交易等各类成本亦是数字经济及新就业形态下各平台企业考虑的重点。通过长期的实践,可以发现降低网约车公司等平台企业的渠道是多种多样的,如其税费负担可以通过营改增的加速推进而降低、其人力资源成本可通过合理确定劳动报酬水平与社保费用缴费比例得到控制、制度性交易成本可以通过推进简政放权改革而实现不断降低,等等。具体到工匠培育所应重点关注的"人力资源成本如何降低"这一问题,地方性立法应首先明确降成本的重点应放在工资成本以外的其他人力资源成本;在此基础上,以"科学确定、合理规范"为原则进一步为新就业形态劳动者之最低报酬请求权提供明确保障,推动实现新就业形态劳动者的收入水平与劳动生产率同步提高,并在立法权限内推动社会保险方面的费率实现阶段性下调。总之,地方性立法应当通过降低平台企业的劳动力资源成本,为其解决经济难题,不断激发其参与培育工匠的积极性。

（四）提供托底性民生保障

目前,我国新就业形态劳动者已达数千万之多。如此庞大的一支队伍,意味着数字经济等新经济形态要成功跨越规范发展的深水区,就离不开民生保障做后盾。数字经济等新经济形态能够得以健康持续发展,基本的民生保障是前提要素;而劳动者是否有足够意愿和精力投入到工匠培育之中,也需要有民生

---

① 林嘉:《审慎对待〈劳动合同法〉的是与非》,《探索与争鸣》,2016年第8期,第56—61页。

保障解除他们的后顾之忧，有良好的社会政策做好托底。基于这个道理，数字经济条件下工匠的培育需要地方立法起到两方面的作用：其一，鉴于任何形态的企业组织都会面临裁减冗余劳动力的问题，故本地立法应当在此方面赋予平台企业以更大的自主权；其二，鉴于收入水平对工匠培育有着最直接的影响，故本地立法应在保证新就业形态劳动者之基本生存能力的基础上，更加注重通过制度手段帮助这部分劳动者实现更高质量的就业。在具体的制度安排上，地方立法一方面应当建立健全符合本地实际的新就业形态劳动者相关安置政策以保障其生活质量不断提升，另一方面还应通过劳动关系三方机制等现有平台渠道，特别是通过职业工会积极协同有关业务主管部门和社会力量参与，共同搭建新业态岗位技能培训平台，对创业者以人力物力财力的政策支持，不断提升各类新就业形态劳动者的就业质量。

三、数字经济条件下职业工会参与工匠培育的路径考量

"培育和弘扬工匠精神，需要可靠的制度保障"①。职业工会因其具有更为强调职业特性的特殊优势，故应认真履行参与制度建设的职能，通过切实维护新就业形态劳动者的合理合法权益，激发他们追求成为各自职业领域内工匠的热情和积极性。具体而言，职业工会应当充分利用各种平台和机会参与所在地区地方立法权的行使，推动出台有利于工匠培育的法律法规，建立起保护新就业形态劳动者的新机制，探索实施劳动者分层保护，帮助政府优化公共就业服务，强化职业培训和催动社会保险的就业促进功能，探索出一条契合新经济新业态特点的工匠培育路径。

（一）探索数字经济条件下劳动者保护新机制

相较于传统经济形态，数字经济在工作时间、场所以及平台企业与劳动者之间关系等方面呈现出明显的碎片化、虚拟化和松散化特征。这在一方面会为经济发展打造新的动力源，另一方面也会产生新就业形态劳动者之正当权益如何有效保护的问题。这在客观上契合职业工会特殊的职责作用，必然引起对现行劳动立法的反思与修正②，并直接影响着工匠的培育是否能有足够的动力。

---

① 张安顺：《培育工匠精神工会应发挥积极作用》，安徽新闻网，http://ah.workercn.cn/zt/ahjy/30978/201710/31/171031153047246.shtml，2017-10-31。

② 陆胤、李盛楠：《分享经济模式对传统劳动关系的挑战——美国 Uber 案和解的一些借鉴》，《中国劳动》，2016 年第 16 期，第 45—51 页。

进言之，若探求培育工匠的路径，就必须研究怎样在数字经济蓬勃发展背景下，对以多元化自我就业为代表的非标准就业形态进行有效规制（如对网约车司机是否有必要给予劳动法上的保护？如有必要，则应给予何种具体的保护？）毕竟，新就业形态尽管赋予了劳动者以更多自由选择的空间与机会，但这绝不意味着新就业形态可以是缺乏合理保障的低质量就业。换言之，如果任凭新就业形态劳动者长期处于较低质量的就业状态而不给予适当的劳动法保护，那么所谓"大众创业、万众创新"必将沦为空中楼阁，工匠的培育也将成为一纸空谈。

从法理基础来看，展开劳动法之理念与制度的理论根源乃是"劳动从属性"概念，这一点与民法的传统理念有着明显的区别。然而，数字经济等非传统经济形态的横空出世，使得形态多样的非典型劳动关系大量涌现，对此已不能用传统的"本质论"来界定新就业形态下劳动者的范围，而应当采取"目的论"这一方法论。也即，应当从劳动法之立法本来目的，来决定新就业形态劳动者是否应当纳入以及怎样纳入劳动法的保护之下。[①] 对此，部分现代市场经济国家的劳动立法已进行了一些探索。例如，欧洲部分国家的劳动立法确立了"经济从属工作"这一新概念，并将其介于民事关系与劳动关系之间，在此基础上，赋予了新就业形态劳动者以集体谈判、反就业歧视、最低工资、职业健康与劳动安全等多方面的权利。其中，德国法律还进一步规定，如果承揽人的主要收入来自承揽工作的报酬，而不再独立自主地开展生产经营业务时，那么他与传统劳动者的社会经济地位将是一样的，并将因此享受以往传统劳动者才能享有的法律保护。借鉴前述经验做法，将新就业形态下的用工关系作为劳动关系来对待，对我国规范新就业形态乃至化解新型劳资矛盾都有着重要意义。对此，可在上位法尚未对此进行修正完善的前提下，可尝试在地方性法规或政府规章等方面进行探索：一方面不将劳动从属性特征不明显的新就业形态纳入传统劳动关系；另一方面，尝试为此类劳动者提供工伤保险、集体协商、劳动基准等方面的保护，逐步探索保护从业者的新机制。以此，来解决新就业形态劳动者成为工匠的后顾之忧。

（二）区分劳动者不同类型以实行分层保护

基于"倾斜保护"的理念，我国劳动立法对劳动者实行的是一体保护，即不太注重劳动者个体对用人单位的重要程度及其个人保护需求，而是将劳动者

[①] 吕琳：《论"劳动者"主体界定之标准》，《法商研究》，2005年第3期，第30—36页。

整体视为弱势群体予以统一保护。这样一种立法理念在数字经济条件下需要有所修正。这是因为新就业形态下的劳动者已不再是"整体弱势",而是通常呈现出强弱分明的层次感,如再对其进行"一体保护",则难免出现对弱者保护不力而对强者又保护有余的尴尬局面。因此,基于新就业形态的特点,为了实现新就业形态劳动者在权益保护上的实质公平,也为了平衡劳动者与相关平台企业之间的利益,有必要对这些劳动者实行分层保护,从而为各方共同致力于工匠的培育打下具有较高自由度和灵活性的制度基础。

进言之,地方立法可率先探索根据新就业形态下劳动者身份的不同,将从业者区分为强势劳动者、普通劳动者和弱势劳动者,分别提供"弱保护""一般保护""强保护"程度不同的法律保护。就具体立法而言,可将普通劳动者作为基本适用对象,并以此类劳动者的保护力度作为一般标准,在此基础上,对强势劳动者的"弱保护"事项和弱势劳动者的"强保护"事项予以特别规定。具体来看,平台企业的管理层人员虽为广义上的"新就业形态劳动者",但由于其在工作岗位、工作内容、薪酬待遇等方面与一般劳动者有着明显区别,故对其应设计弱于一般劳动者的权益保护制度(如对平台企业高管之劳动关系解除权以更严格的限制);相反,对于诸如网约车司机之类的新就业形态劳动者应当提供"强保护",如可通过本地立法遏制因区域、户籍问题产生的就业歧视,并具体规定消除此类就业歧视所产生的侵害后果。诸如此类先行先试的探索,将有助于按照不同层次对数字经济条件下各类劳动者归类保护,从而使激发平台企业培育工匠、各类劳动者追求成为工匠的积极性主动性。

(三)强化政府公共就业服务职责

稳定良好的就业,是培育工匠的基础和前提。从我国目前的经济发展总体状况来看,数字经济的发展既会在短时间内带来大量就业机会,又会因其规范化与高科技化水平的不断提升而对就业质量带来严峻挑战。这些都会使得工匠的培育之路充满了不确定性。面对这一态势,政府制定和实施就业促进政策的重心之一,仍应是解决数字经济条件下一般劳动者的就业门槛高或就业质量低的难题。而若要使这部分劳动者尽可能地实现再就业或者缩短失业时间,那么政府的就业促进政策及相关服务措施就必须要提前部署到位,特别是要保障并支持新就业形态的发展,以吸引容纳大量劳动力。在此基础上,为了提升新就业形态劳动者的就业质量,使"工匠精神"成为这部分就业群体的追求目标,政府还需要做到两方面的工作:一方面,以提高新就业形态劳动者和平台企业之供需匹配效率为目的,完善数字经济领域内劳动力市场的组织与活动,更高效地利用劳动力资源；另一方面，充分运用好地方立法权，推动就业服务方面的法规制度不断完善，特别是要将建立健全公共就业服务体系作为立法重点，以提升劳动力资源流动自由度和劳动力市场配置效率为目标，明确规定各级政府及其有关部门在收集研发劳动力市场信息、提供就业咨询或职业介绍、帮助新就业形态劳动者顺利迈过就业门槛并实现较高质量就业等方面的职责。

纵观公共就业服务事业发展进程可知，西方国家在这方面已走过了近百年。特别是在现代市场经济国家，如何形成和规范运行一套多功能的公共就业服务体系已成为政府重点关注的公共政策；相应的，这些国家的立法均会重视法律在公共就业服务方面的约束以及政府政策在这方面的引导作用，也均会明确政府、公共就业服务机构以及劳动力资源供求双方的职责、作用及权利义务，并将各方的相关行为依法纳入宏观监督范围之中。相较而言，我国在公共就业服务方面的立法还较为薄弱，突出表现为政府公共就业服务之体系设置、内容责任和追责机制均有待进一步完善。对此，地方立法机关应一方面大胆探索政府在公共就业服务方面的职责及可行性，尤其是要明确政府职责的体系、内容、实施方式及责任后果等，以增强法律的可诉性；另一方面，要引导、规范社会组织发挥重要作用，推动政府的公共就业服务机构与民间的营利性职业介绍机构之间的合作互补，以发挥各方在包括新就业形态领域在内的各领域之促进就业作用。

（四）完善职业培训立法

具备勤勉忠诚的敬业态度和高超的专业技能，是"工匠"最明显的特征。这就涉及如何有效开展新就业形态劳动者职业培训的问题。在西方成熟市场经济国家，学界以"劳动者经由职业培训而获得的技能，是否对提供培训之雇主以外的其他雇主依然有用"为标准，将职业培训区分为"一般"和"特殊"两种。前者指的是对其他雇主依然有用的职业培训，后者则相反。在数字经济领域，劳动者所接受的职业培训（如果平台企业愿意提供的话）在理论上是可以为平台企业带来收益的，但鉴于从业者的高度分散性和流动性，平台企业面临着从业者辞职他投的风险，加之"搭便车"的普遍心理，故在一般情况下，平台企业并不乐意进行一般性的职业培训。针对这一情况，不少国家在劳动立法中将雇主的法定义务范围拓展至职业培训方面，并具体规定了职业培训的条件设定和相关费用如何承担，以促使企业进一步提升开展职业培训的动力。例如，德国在其职业培训立法中，明确规定了企业应当主动开展职业培训、劳资双方应当签有职业培训合同（或在劳动合同中有此方面的具体条款）、职业培训教师应当具有相应资质、应当建有关于职业教培质量的独立考核体系,等等。正因为德国政府高度重视职业培训并建有成熟完善的制度,其经济才会长期持续发展,其工业水平才会长期领先于世界。

具体到我国,大量低技能水平的中低端劳动者使得在数字经济领域内培育"工匠"变得困难重重,而且,越是数字经济发展较好的地区(如成都)就越面临这样的问题。尽管当前我国国民教育已将发展职业教育提升至新的高度,但由于职业培训立法依然存在着效力层次低、现有法律实施尚有进步空间以及部门法之间难以顺畅协调等问题,这就使得职业培训工作难以取得实质性的进步。例如,劳动法规定企业应当提取一定比例的职工教育经费用于职工的教育培训,但由于一方面这些规定的监督落实主体不明、法律责任缺失,另一方面该规定无法普遍实施于新就业形态劳动者群体,故而往往成为一纸空文,难以发挥对职业教育培训的促进作用。有鉴于此,有条件的地区可充分运用地方立法权,率先尝试如何进行一定的制度设计,将职业教育培训对数字经济的红利予以充分释放,通过大力提升数字经济条件下劳动力资源的职业素质,尽快解决劳动力资源低端供给的问题,满足数字经济下劳动力资源的高端需求。具体而言,一方面,可在地方性法规或政府规章中明确职业培训工作中政府、教培机构、平台企业、劳动者等各方主体的地位及相应的权利义务,其中应充分发挥平台企业的作用,通过将职业培训作为平台企业的法定义务之规定,引导企业积极与政府及职业教育培训机构展开合作,消除其"搭便车"心理,共同承担起数字经济条件下职业培训的职责;另一方面,建立健全职业培训合同制度,强制性规定职业培训之合同形式与主要内容,明确平台企业与劳动者的基本权利义务,以此方式引导平台企业积极履行关于职业培训的法定义务,并为接受职业培训的劳动者获得相应资质提供有力的法律支持。

(五)探索社会保障立法

古人云,"仓廪实而知礼节"。同样道理,在数字经济条件下,培育工匠的一大利器即为完善相关的社会保障制度。对此,地方立法可从两个方面进行探索:一方面,针对数字经济的特点,尝试提升新就业形态劳动者的基础民生保障,以发挥社保之"减震器""安全网"的作用;另一方面,在进一步提升政府之社保责任的同时,更大力度地帮助平台企业降本增效,以此来激发平台企业活力和投入职业培训的积极性,从而为新就业形态劳动者提供更多的就业机会。事实证明,"凡是社会保险制度健全的国家,劳动者的后顾之忧都得到了有效解除,劳资关系也必定由相互对立走向妥协和合作。劳资关系的和谐与稳定，必然带来整个社会关系的和谐与稳定"①。工匠的培育也因此就有了充分的保障。这就需要地方立法在符合上位法之立法本意的前提下实现两个转变，即相关制度安排从选择性向普惠性、覆盖重点群体向一般群体的转变，而政府财政亦应承担相应责任。当前，由劳资双方缴纳的社保费用仍然过高，约占职工工资的60%。对此，我国某些地区已开始着手完善相关政策。例如四川省政府办公厅于2019年5月下发了《关于降低社会保险费率实施办法的通知》；同年6月，成都市政府办公厅下发了《关于贯彻四川省降低社会保险费率实施办法有关事项的通知》。两个通知释放出了集体下降"五险一金"缴费比例的政策信号，为成都本地立法通过优化社保制度助力数字经济高质量发展、培育数字经济条件下工匠提供了探索经验。

在具体制度层面，值得关注的是，随着数字经济等非传统经济形态发展日益规范，"失业"也不可避免地成为正常现象，且将主要产生于量多面广的低端劳动者群体当中。对此，如不及时进行制度层面的应对，则在数字经济条件下培育工匠必将面临巨大障碍。众所周知，无论是社保制度改革还是进行相关立法，失业保险制度基于其兜底功能和促进就业功能始终都是其重点关注的内容。目前，我国失业保险普遍存在覆盖范围狭窄、统筹层次低、功能单一、工资替代率低等问题。而从成熟的市场经济国家的实践经验来看，"授之以鱼不如授之以渔"理念得到充分落实。这些国家普遍认为帮助失业者提升再就业能力才是真正的"失业保护"，而不仅仅是向他们发放失业津贴。例如德国降低了解雇费用标准而以此引导企业将这笔钱用到为本企业之失业人员的就业培训计划中，该国失业保险基金在培训等就业服务计划方面的投入占比已达到40%；加拿大和日本亦是基于相同理念而将失业保险制度改为"就业保险"制度，英国则将此制度改成了"求职津贴"制度；而经合组织国家更是将参加就业培训作为长期领取失业津贴的条件之一。②借鉴这些成熟经验，地方立法可在上位法精神的指引下，从两个方面加强对失业保险制度的探索：一方面，分阶段分类型地将已经是和潜在的数字经济条件下的失业人员纳入失业保险的覆盖范围之内；另一方面，通过具体的制度设计，使失业保险制度能够发挥促进就业的功能。如可借鉴经济合作与发展组织国家的经验，为帮助数字经济领域内实现灵活就业或初始创业的失业人员顺利度过生存期或经验积累期，可允许

---

① 郑功成：《社会保险制度建设与社会保险立法》，中国人大网，http://www.npc.gov.cn/zgrdw/npc/bmzz/neiwu/2008-01/14/content_1389526.htm，2018-01-14。

② 马永堂：《国外在产业结构调整升级中的就业促进政策和措施》，《中国劳动》，2016年第12期，第4-13页。

这部分人员在一定期限内享受失业保险待遇；在此期限到期后，可规定将参加就业培训作为适当延长失业保险待遇的条件之一，以激活失业保险制度之促进就业功能。如此种种，可为数字经济条件下各类劳动者追求成为工匠解除就业保障上的后顾之忧。

综上所述，近年来，随着社会转型加剧和劳动关系的日趋复杂，特别是数字经济的发展对新就业形态带来的影响，我国劳动法学界对于在特殊职业领域建立职业工会的呼声逐渐高涨。时有发生的 CBA 球员集体讨薪以及网约车司机、快递员、外卖小哥集体争议事件，不但已对社会秩序产生了一定程度的影响，同时也给政府治理带来了相当大的挑战。这既源于新就业形态下劳动者维权意识的增强，又显现出传统的集体争议事件治理机制已不能很好地适应数字经济下用工形式高度灵活分散且形式多样的特点。"政府失灵"和"市场失灵"的双重困境，使我们不得不深入思考类似事件的发生机理，并积极探索新经济新业态下此类事件的治理机制。通过对相关案例的详细考察，可将此类事件的发生原因主要归纳为利益事项和权利事项两方面，这又正是集体劳动法所对应的调整范畴；而此类事件之所以难以走出"劳资争议——行政应对——不了了之——再次争议"的怪圈，与工会作为应对集体劳资争议"专业组织"的缺位有很大关系。综合考虑这些因素，本章从分析事件发生原因入手，结合对传统治理手段的反思，得出工会应当积极参与的结论；继而通过详细阐释新就业形态下劳动者的身份、诉求与工会职能重心的契合以及工会参与的现实意义，论证了工会参与此类事件治理的合法性与合理性；最后从明确政府角色、引入职业工会制度和引导新就业形态劳动者正确行使基本劳动权益三个方面，对工会的参与路径提出建议，为学界进一步研究起到抛砖引玉的作用。此外，发展数字经济是我国未来经济发展的重要战略部署，培育一支具备"工匠精神"的劳动大军是"十四五"期间的重要任务。在发展经济的过程中，劳动力始终是一项不可或缺的生产要素；而在数字经济领域，这一生产要素将发生根本性变革，进而影响到劳动力资源结构、就业、社保等广义劳动关系的诸多方面。在这一时代背景下，我国有必要在锻造"工匠大军"的过程中，积极探索采取法治手段来满足工匠及工匠精神的培育对劳动力资源配置、劳动力整体素质、平台企业降本增效、托底性社会保障等方面的要求。相应的，职业工会应以促进数字经济健康发展为目的，积极尝试通过推动地方性立法，建立起保护新就业形态劳动者的新机制，建立劳动者分层保护、推进公共就业服务、强化职业培训和激活社会保险之就业促进功能等各项制度，探索出一条契合数字经济等新兴经济形态特点的工匠培育之道。

参考文献

史尚宽. 民法总论［M］. 北京：中国政法大学出版社，2000.

喻术红. 劳动合同法专论［M］. 武汉：武汉大学出版社，2009.

张荣芳. 社会保险法学［M］. 武汉：武汉大学出版社，2012.

林嘉. 劳动法的原理、体系与问题［M］. 北京：法律出版社，2016.

许晓军. 论社会结构转型中的中国工会——许晓军教授工会与劳动关系研究论文集［M］. 北京：光明日报出版社，2015.

颜辉. 中国工会·劳动关系研究. 2011［M］. 北京：光明日报出版社，2012.

任中秀. 德国团体法中的成员权研究［M］. 北京：法律出版社，2016.

张暎硕. 当代中国劳动制度变化与工会功能的转变［M］. 保定：河北大学出版社，2004.

黄越钦. 劳动法新论［M］. 北京：中国政法大学出版社，2003.

王泽鉴. 民法总则（增订版）［M］. 北京：中国政法大学出版社，2001.

秦国荣. 劳动权保障与《劳动法》的修改［M］. 北京：人民出版社，2012.

吴建平. 转型时期中国工会研究——以国家治理参与为视角［M］. 北京：光明日报出版社，2012.

艾琳. 集体谈判权研究［M］. 北京：中国社会科学出版社，2016.

苑茜，等. 现代劳动关系辞典［M］. 北京：中国劳动社会保障出版社，2000.

谢增毅. 劳动法的改革与完善［M］. 北京：社会科学文献出版社，2015.

胡建淼. 外国行政法规与案例评述［M］. 北京：中国法制出版社，1997.

问清泓. 不当劳动论衡 [M]. 北京：中国劳动社会保障出版社，2014.

邹瑜，顾明. 法学大辞典 [M]. 北京：中国政法大学出版社，1991.

杨冬梅. 平衡与和谐：转型期工会与劳动关系问题研究 [M]. 北京：光明日报出版社，2013.

张静. 法团主义 [M]. 北京：中国社会科学出版社，1998.

刘焱白. 劳动关系稳定分层法律调控研究 [M]. 北京：中国政法大学出版社，2015.

李玉赋. 第八次中国职工状况调查（精编版） [M]. 北京：中国工人出版社，2018.

王绍光. 多元与统一：第三部门国际比较研究 [M]. 杭州：浙江人民出版社，2000.

桑本谦. 私人之间的监控与惩罚——一个经济学的进路 [M]. 济南：山东人民出版社，2005.

张曙光. 中国经济学·1994 [M]. 上海：上海人民出版社，1995.

金锦萍. 非营利法人治理结构研究 [M]. 北京：北京大学出版社，2005.

黎军. 行业组织的行政法问题研究 [M]. 北京：北京大学出版社，2002.

陈庆云，周志忍. 自律与他律——第三部门监督机制个案研究 [M]. 杭州：浙江人民出版社，1999.

周永坤. 法理学：全球视野 [M]. 3 版. 北京：法律出版社，2010.

康德. 法的形而上学原理——权利的科学 [M]. 沈叔平，译. 北京：商务印书馆，1991.

塞缪尔·亨廷顿，琼·纳尔逊. 难以抉择——发展中国家的政治参与 [M]. 汪晓寿，等译. 北京：华夏出版社，1989.

查尔斯·J. 福克斯，休·T. 米勒. 后现代公共行政——话语指向（中文修订版） [M]. 楚艳红，等译. 北京：中国人民大学出版社，2013.

迪特尔·梅迪库斯. 德国民法总论 [M]. 邵建东，译. 北京：法律出版社，2000.

理查德·B. 弗里曼，詹姆斯·L. 梅多夫. 工会是做什么的？——美国的经验［M］．陈耀波，译．北京：北京大学出版社，2011.

希尔斯曼．美国是如何治理的［M］．曹大鹏，译．北京：商务印书馆，1988.

迈克尔·C. 哈珀．美国劳动法：案例、材料和问题［M］．李坤刚，等译．北京：商务印书馆，2015.

丹宁勋爵．法律的训诫［M］．杨百揆，等译．北京：法律出版社，2011.

卫学莉．供给侧改革下劳动法的适用困境与路径选择［J］．河北法学，2018，36（01）.

唐清利．共享经济新经济模式下的社会治理新思路［J］．国家治理，2018（40）.

杨利敏．论现代国家的公法内涵［J］．中国社会科学院研究生院学报，2018（06）.

赵忠君，陈冉佳．美国 NBA 球员工会对于我国构建和谐劳动关系的启示［J］．体育研究与教育，2018，33（03）.

吕琳．供给侧结构性改革下劳动法的回应与完善［J］．云南社会科学，2017（01）.

喻术红．老龄化背景下的高龄劳动者就业促进问题［J］．武汉大学学报（哲学社会科学版）．2017，70（05）.

喻术红．网络信息化对劳动者权益的影响及其应对——基于美国的立法与实践考察［J］．四川大学学报（哲学社会科学版）．2016（06）.

喻术红，赵乾．论我国工匠精神培育的劳动法保障［J］．华中科技大学学报（社会科学版）．2018，32（03）.

喻术红，班小辉．欧盟反对歧视非全日制工人制度探析［J］．比较法研究，2014（05）.

董燕江．略论工会财务会计管理规范化［J］．当代经济，2015（03）.

刘丹，汪秀清．工会经费管理的现状与对策探讨［J］．山西财政税务专科学校学报，2010，12（05）.

孙秀明，李清海．德国部分工时工作的现状及保障：基于平衡女性工作与家庭冲突视角的分析[J]. 德国研究，2014，29（03）.

吕红. 转型期灵活就业可行性的理论分析[J]. 当代经济，2007（05）.

中国劳动和社会保障部劳动科学研究所课题组. 中国灵活就业基本问题研究[J]. 经济研究参考，2005（45）.

张宪民，严波. 互联网新业态平台企业就业形态调查及探析[J]. 中国劳动，2017（08）.

纪雯雯，赖德胜. 网络平台就业对劳动关系的影响机制与实践分析[J]. 中国劳动关系学院学报，2016，30（04）.

吴清军. 整合式还是多元化？——劳动关系研究范式的争辩与研究发展趋向[J]. 中国人民大学学报，2015，29（04）.

秦国荣. 网络用工与劳动法的理论革新及实践应对[J]. 南通大学学报（社会科学版），2018，34（04）.

刘社建. 供给侧改革对就业与劳动关系的影响探讨[J]. 中国劳动关系学院学报，2016，30（06）.

蔡骞. 试论我国职业运动员工会的筹建[J]. 当代体育科技，2015，5（06）.

苏西刚. 社团自治权的性质及问题研究[J]. 行政法论丛，2004，7（01）.

涂永前. 应对灵活用工的劳动法制度重构[J]. 中国法学，2018（05）.

吴清军，许晓军. 中国劳资群体性事件的性质与特征研究[J]. 学术研究，2010（08）.

杨云霞. 分享经济下劳动法的困境与选择[J]. 人民论坛·学术前沿，2018（09）.

王焱. 精英治理的合理性分析：成本、效率与秩序的优势[J]. 理论界，2013（08）.

卫凤瑾. 大众传媒与农民话语权——从农民工"跳楼秀"谈起[J]. 新闻与传播研究，2004，11（02）.

肖建华，郭雄伟. 转型期农民利益表达的障碍及对策研究[J]. 中国农业大学学报（社会科学版），2005（01）.

孙居涛，田杨群. 新时期工人阶级构成变化与利益关系调整［J］. 社会主义研究，2004（02）.

王臻荣，常轶军. 论社会主义和谐社会视野下的公民利益表达［J］. 政治学研究，2007（02）.

徐崇温. 关于如何理解中国模式的问题［J］. 中共中央党校学报，2010，14（02）.

朱可辛. 发展中的"中国模式"［J］. 中国特色社会主义研究，2009（05）.

梁玉秋，刘娟. 我国工会作为枢纽型社会组织的作用［J］. 辽宁行政学院学报，2012，14（09）.

郑杭生. 中国模式或中国经验与当代中国社会学再研究［J］. 江苏社会科学，2010（06）.

肖贵清. 论中国模式研究的马克思主义话语体系［J］. 南京大学学报（哲学·人文科学·社会科学版），2011，48（01）.

辛向阳. 中国模式内涵探析［J］. 理论探讨，2010（05）.

王全兴. 劳动力市场需要"活"起来［J］. 人力资源，2016（11）.

袁方. 网约车平台下私家车模式的劳动关系研究［J］. 法制与社会，2018（27）.

秦益成，翟胜明. 中国特色社会主义与"中国模式"［J］. 政治学研究，2010（03）.

丰霏. 法律治理中的激励模式［J］. 法制与社会发展，2012，18（02）.

洪芳. 论劳动者的团结权与工会体制改革［J］. 山东工会论坛，2014，20（03）.

程延园. "劳动三权"：构筑现代劳动法律的基础［J］. 中国人民大学学报，2005（02）.

游正林. 60年来中国工会的三次大改革［J］. 社会学研究，2010（12）.

张羡岷. 进一步规范劳动关系积极应对供给侧结构性改革的新要求——访上海财经大学法学院教授王全兴［J］. 中国人力资源社会保障，2017（01）.

张建成，赵林惠，唐武. 产学结合促进人才培养新模式的探索［J］. 教育与职业，2012（11）.

沈琴琴. 基于制度变迁视角的工资集体协商：构架与策略［J］. 中国人民大学学报，2011，25（05）.

冯彦君. 论职业安全权的法益拓展与保障之强化［J］. 学习与探索，2011（01）.

马振清，王勇军. 国家治理现代化与正确处理政府、市场和社会的关系［J］. 河北学刊，2016，36（02）.

李干. 网约车司机在集体劳动法的身份定位［J］. 中国劳动关系学院学报，2017，31（01）.

王旭丹，林辉. 关于物流货运司机入会若干法律问题的思考［J］. 北京市工会干部学院学报，2018，33（01）.

杜宁宁. 权利冲突视野下的劳动者知情权问题研究［J］. 当代法学，2014，28（05）.

李玉静. 建立多元主体共同参与的职业教育治理体系［J］. 职业技术教育，2014，35（07）.

杨冰. 论我国劳动争议仲裁程序专业性的强化［J］. 生产力研究，2013（02）.

刘小平. 美国职业体育劳资关系发展研究——球员工会、集体谈判及劳资争议［J］. 武汉体育学院学报，2012，46（02）.

刘同众，刘连发. 中美职业体育劳资关系管理模式的对比研究［J］. 体育与科学，2012，33（04）.

周爱光，张恩利. 英国职业足球运动员工会援助服务机制及启示［J］. 西安体育学院学报，2011（02）.

梁汉平. 美国职业篮球联盟劳资关系均衡机制［J］. 贺州学院学报，2011，27（03）.

姜熙，谭小勇. 我国建立职业运动员工会的法律思考［J］. 天津体育学院学报，2011，26（02）.

王为农. "技术标准化"引发的垄断与反垄断法律问题［J］. 中南大学学报（社会科学版），2004，10（01）.

吴卫兵，雷虹. 社团处罚权的许可和限度［J］. 江西师范大学学报，2004（01）.

刘军. 加拿大与美国工会率比较研究［J］. 经济社会史评论，2015（01）.

信春鹰，张烨. 全球化结社革命与社团立法［J］. 法学研究，1998（03）.

张嘉国. 中国社会多元化走势［J］. 企业文明，2009（12）.

张春华. 平台的力量——中国工经联推进工业企业及工业协会履行社会责任［J］. WTO经济导刊，2009（06）.

周武. 我国职业体育产业政府规制的现状分析［J］. 上海体育学院学报，2009，33（02）.

贾珍荣，王斌. 我国球员工会发展对策分析［J］. 体育文化导刊，2008（10）.

陈晓军. 论互益性法人［J］. 比较法研究，2008（03）.

徐国庆. 英德职业教育体系差异的政策分析及启示［J］. 教育科学，2006（03）.

张燕冰. 张慧峰. 论美国职业体育劳资关系［J］. 南京体育学院学报（社会科学版），2007（02）.

张燕冰. 张慧峰. 浅谈中国职业体育的劳资关系［J］. 哈尔滨体育学院学报，2007（02）.

邹卫民. 美国工会的组建程序及对当前探索围绕职工建会的借鉴意义［J］. 工会理论研究（上海工会管理职业学院学报），2014（05）.

葛萍. 新就业形态下工会维权探析［J］. 山东工会论坛，2017，23（06）.

王宝治，李克非. 公共治理视角下弱势群体话语权的保护［J］. 河北大学学报（哲学社会科学版），2015，40（02）.

林莺. 中国当前弱势群体的权益保障与维护——基于话语权角度的分析［J］. 东南学术，2011（03）.

王金炳. 奥尔森及其集体行动理论［J］. 时代金融，2007（06）.

张志昌，刘勇. 转型期我国工人利益表达方式及特点分析［J］. 政法学刊，2012，29（01）.

刘勇. 改革开放以来工人群体利益关系的变化及其调整 [J]. 陕西师范大学学报（哲学社会科学版），2012，41（06）.

杨成湘，刘蕾. 行业集体协商对维护农民工权益的作用及其实现 [J]. 经济理论与经济管理，2013（02）.

刘诚. 发达国家工会代表权立法及其借鉴 [J]. 学术界，2006（05）.

杨汉平. 论工会的代表权 [J]. 工会理论与实践·中国工运学院学报，2002（02）.

夏勇. 权利哲学的基本问题 [J]. 法学研究，2004（03）.

盖威. 社团的类型化规范研究 [J]. 吉林工商学院学报，2012，28（02）.